FOM-Edition

Kompakt

Reihe herausgegeben von

FOM Hochschule für Oekonomie & Management, Essen, Deutschland

Bücher, die relevante Themen aus wissenschaftlicher Perspektive beleuchten, sowie Lehrbücher schärfen das Profil einer Hochschule. Im Zuge des Aufbaus der FOM gründete die Hochschule mit der FOM-Edition eine wissenschaftliche Schriftenreihe, die allen Hochschullehrenden der FOM offensteht. Sie gliedert sich in die Bereiche Lehrbuch, Fachbuch, Sachbuch, International Series sowie Dissertationen. Seit 2023 ergänzen zudem die Reihen FOM-Edition Kompakt und FOM-Edition Studium kompakt, mit denen komprimierte Inhalte kurzfristig herausgegeben werden können, das Portfolio.

Die Reihe FOM-Edition Kompakt ist thematisch breit gefächert. Die Bände der Reihe behandeln in knappem, schnell rezipierbarem Umfang hochaktuelle Themen und gegenwärtige Fragestellungen, die es Leserinnen und Lesern aus Wissenschaft und Praxis ermöglichen, sich schnell auf den neuesten Stand zu bringen.

Markus H. Dahm · Madelene Spincke

Künstliche Intelligenz im Versicherungswesen

Der Gamechanger für Versicherungsmaklerinnen und -makler

Markus H. Dahm (iD)
FOM Hochschule
Hamburg, Deutschland

Madelene Spincke
Hamburg, Deutschland

ISSN 2625-7114   ISSN 2625-7122   (electronic)
FOM-Edition
ISSN 2947-2032   ISSN 2947-6232   (electronic)
Kompakt
ISBN 978-3-658-50732-9   ISBN 978-3-658-50733-6 (eBook)
https://doi.org/10.1007/978-3-658-50733-6

Die Deutsche Nationalbibliothek verzeichnet diese Publikation in der Deutschen Nationalbiblio-
grafie; detaillierte bibliografische Daten sind im Internet über https://portal.dnb.de abrufbar.

Planung/Lektorat: Angela Meffert
Springer Gabler ist ein Imprint der eingetragenen Gesellschaft Springer Fachmedien Wiesbaden
GmbH und ist ein Teil von Springer Nature.
Die Anschrift der Gesellschaft ist: Abraham-Lincoln-Str. 46, 65189 Wiesbaden, Germany

Was Sie in diesem Band der FOM-Edition Kompakt finden können

- Überblick über den digitalen Wandel in der Versicherungsbranche: Verständlich erklärt und mit Fokus auf die Rolle der Maklerinnen und Makler insbesondere im Industriegeschäft
- Grundlagenwissen zur Künstlichen Intelligenz (KI): Was KI leisten kann, welche Technologien dahinterstehen und wie sie sich von klassischen Digitalisierungslösungen unterscheidet
- Orientierung zu Chancen und Risiken von KI im Makleralltag: Von der Kundenkommunikation über die Schadenbearbeitung bis hin zur Prozessautomatisierung
- Konkrete Handlungsempfehlungen für den erfolgreichen KI-Einsatz: Praxiserprobt, realistisch und adaptierbar für unterschiedliche Unternehmensgrößen
- Impulse zur Effizienzsteigerung und Skalierbarkeit: Wie KI hilft, den Fachkräftemangel und wachsenden Aufwand in den Griff zu bekommen
- Informationen zu rechtlichen, ethischen und organisatorischen Rahmenbedingungen: Inkl. Datenschutz, EU AI Act und Change-Management-Aspekten
- Ausblick auf die nächsten Schritte: Wie sich Versicherungsmakler strategisch für die Zukunft aufstellen können, ohne die eigene Identität zu verlieren

Vorwort

Kaum ein anderes Thema wird derzeit so kontrovers diskutiert wie Künstliche Intelligenz (KI) und zugleich mit so viel Hoffnung, Unsicherheit und Neugier betrachtet. Sprachmodelle schreiben Texte, Algorithmen analysieren komplexe Datenmengen, KI-Chatbots kommunizieren mit Kunden – rund um die Uhr. Die Frage ist also längst nicht mehr, ob Künstliche Intelligenz Einzug in unsere Arbeitswelt hält, sondern wie schnell und wie bewusst wir diesen Prozess gestalten.

Die Versicherungsbranche steht dabei an einem Wendepunkt. Insbesondere Versicherungsmaklerinnen und Versicherungsmakler – und hier vor allem Industrieversicherungsmaklerinnen und -makler (IVM) – sehen sich mit einer Vielzahl von Herausforderungen konfrontiert: zunehmender Wettbewerb, neue regulatorische Vorgaben und ein rasant voranschreitender technologischer Wandel. In diesem dynamischen Umfeld wird der Einsatz von KI nicht nur zu einer Option, sondern zu einem strategischen Muss.

Dieses Buch richtet sich an alle, die den Wandel in der Versicherungswelt nicht nur beobachten, sondern aktiv mitgestalten möchten: an Entscheiderinnen und Entscheider in Versicherungsmaklerunternehmen, an Innovationsverantwortliche, an Praktikerinnen und Praktiker, die den digitalen Wandel im Tagesgeschäft erleben – und manchmal auch erleiden. Und nicht zuletzt an alle, die verstehen wollen, was KI wirklich leisten kann – jenseits von Buzzwords und Tech-Hype.

In diesem Werk erwarten Sie eine praxisnahe und fundierte Auseinandersetzung mit dem Einsatz von KI im Versicherungsmaklergeschäft. Es geht nicht um Technologie um ihrer selbst willen – sondern um konkrete Mehrwerte: Wie kann Künstliche Intelligenz Prozesse vereinfachen? Wie kann sie Kundenerwartungen erfüllen oder sogar übertreffen? Wo liegen Stolpersteine, wo echte Potenziale?

Die Inhalte basieren auf einer wissenschaftlich fundierten Arbeit mit empirischer Tiefe: 17 Expertinnen und Experten aus Versicherungsmaklerhäusern, Versicherern und Beratungsunternehmen wurden interviewt. Das Werk zeigt, wo die Branche heute steht – und wo sie morgen hinmuss, wenn sie wettbewerbsfähig bleiben möchte. Zahlreiche Beispiele und Handlungsempfehlungen sollen dabei helfen, den Transfer in die eigene Organisation zu erleichtern.

Der Untertitel dieses Buches ist gezielt ausgewählt worden und bezeichnet Künstliche Intelligenz bewusst als „Gamechanger". Denn KI ist kein Werkzeug wie jedes andere. Sie verändert Spielregeln. Sie transformiert Geschäftsmodelle, Rollenbilder, Prozesse und Erwartungen – oft leise, aber unwiderruflich. Wer diesen Wandel proaktiv gestaltet, hat die Chance, nicht nur mitzuhalten, sondern vorauszugehen und die Möglichkeiten, die in KI stecken, zu nutzen – und dabei den Menschen nie aus dem Blick zu verlieren. Denn die Versicherungsmaklerinnen und Versicherungsmakler der Zukunft werden nicht durch Technologie ersetzt, sondern durch Maklerinnen und Makler, die Technologie zu nutzen wissen.

Hamburg   Markus H. Dahm
im Winter 2025   Madelene Spincke

Inhaltsverzeichnis

Über die Autoren

Prof. Dr. Markus H. Dahm ist Organisationsentwicklungsexperte und Berater für Strategiefragen, Digital Change und Transformation. Ferner lehrt und forscht er an der FOM Hochschule in den Themenfeldern Künstliche Intelligenz, Digital Management und Change-Management. Er publiziert regelmäßig zu Management und Leadership-Fragestellungen in wissenschaftlichen Fachmagazinen, Blogs, Online-Magazinen und der Wirtschaftspresse. Er ist Autor und Herausgeber zahlreicher Bücher.

Madelene Sophie Spincke ist seit 2016 in der Versicherungsbranche tätig und konnte in dieser Zeit wertvolle Erfahrungen auf Versicherer- und Maklerseite sammeln. Nach dem Studium der Betriebswirtschaftslehre (B.A.) an der Hochschule Fresenius hat sie den berufsbegleitenden Masterstudiengang Business Consulting & Digital Management (M.Sc.) an der FOM Hochschule in Hamburg absolviert. Derzeit ist sie als Kundenberaterin für D&O- und Vermögensschadenhaftplichtversicherungen bei der Funk Versicherungsmakler GmbH tätig und hat dort in verschiedenen Projekten zum Thema Einsatz von Künstlicher Intelligenz mitgewirkt.

Einleitung 1

„AI can transform the insurance industry by improving efficiency, accuracy, and customer service" (González et al., 2024) – diese Aussage beschreibt kurz und prägnant, welchem umfassenden digitalen Wandel die Versicherungsbranche in Deutschland zukünftig gegenüberstehen wird. KI wird als jüngste und vorläufig letzte Innovationswelle innerhalb der digitalen Transformation beschrieben (vgl. Huschens & Münk, 2021). Die Versicherungswirtschaft muss sich den aktuellen Herausforderungen stellen und neue Lösungswege etablieren.

Das vorliegende Werk beschäftigt sich in diesem Zusammenhang mit den Potenzialen zur Effizienzsteigerung und Automatisierung durch den Einsatz von KI innerhalb der digitalen Transformation für das Berufsfeld der Versicherungsmaklerinnen und Versicherungsmakler. Dabei wird der Industrieversicherungssektor näher beleuchtet, welchem auch die IVM angehören. Dieser ist bis heute von nicht-standardisierten und manuellen Prozessen geprägt. Zudem sind die Digitalisierung sowie der Einsatz neuer digitaler Technologien wie KI im Industriesektor bis heute rückständig, gerade im Vergleich zum Privatkundengeschäft.

Der Transformationsdruck in der Versicherungswirtschaft ist allgegenwärtig. Die Digitalisierung, veränderte Kundenerwartungen, Neuerungen in der Arbeitswelt sowie die Konsolidierung inklusive strategischer Fusionen haben zu einem grundlegenden Umbruch in der Versicherungsbranche geführt. Insgesamt ist das Umfeld der Versicherungsbranche, wozu auch das Berufsfeld der Versicherungsmaklerinnen, Versicherungsmakler und IVM gehört, derzeit von dynamischen Entwicklungen geprägt. Hierzu gehören unter anderem Wirtschafts- und Finanzkrisen, neue Wettbewerberinnen und Wettbewerber sowie das regulatorische Umfeld. Im Jahr 2024 ist zudem der EU AI Act beschlossen worden, eine europäische Verordnung über KI (vgl. Institut Zukunft des Lebens, o. J.). Diese soll den Schutz der

M. H. Dahm, M. Spincke, *Künstliche Intelligenz im Versicherungswesen*, FOM-Edition, https://doi.org/10.1007/978-3-658-50733-6_1

Grundrechte gewährleisten und schreibt vor, dass KI-Anwendungen nicht missbraucht werden dürfen (vgl. Presse- und Informationsamt der Bundesregierung, 2024). Darüber hinaus sinken durch neue Technologien und daraus resultierende innovative Möglichkeiten für branchenfremde Wettbewerbsteilnehmende wie beispielsweise Fin- oder InsurTechs die Eintrittshürden in den Versicherungsmarkt (vgl. Lohse & Will, 2019; Thinksurance, 2022). Aus den genannten Gründen müssen die Akteurinnen und Akteure der Versicherungsbranche zunehmend aktiv werden, um sich weiterhin erfolgreich im Markt positionieren und auf Dauer bestehen zu können. Es stellt sich jedoch heraus, dass, obwohl die Digitalisierung bereits seit über zwei Jahrzehnten Auswirkungen auf die allgemeine Wirtschaft zeigt, sich die Entwicklungen in der Versicherungsbranche noch am Anfang befinden, insbesondere im Industrieversicherungssektor.

Als Wegbereiter für Innovation und Effizienz in der Versicherungsbranche wird KI zukünftig nicht mehr wegzudenken sein. Innerhalb der gesamten Wertschöpfungskette kann KI das Wachstum vorantreiben und langfristig die Kosten senken. Für Versicherungsmaklerinnen und -makler und IVM sind die Anwendungsmöglichkeiten von KI vielfältig und reichen von der automatischen Erstellung von Kundenprofilanalysen, administrativen Aufgaben, Betrugserkennung bis hin zu Robotic Process Automation (RPA) und Prozessoptimierung. KI wird es Maklerinnen und Maklern zukünftig ermöglichen, die Kundenbetreuung und damit einhergehend die Kundenzufriedenheit zu verbessern, interne Prozesse zu optimieren und das Geschäftsmodell zu erweitern (vgl. Iram, 2023).

Zum aktuellen Zeitpunkt wird der Einsatz von KI in erster Linie in Pilot-Projekten getestet. Hierzu zählen beispielsweise Tools in der Kundenkommunikation auf Basis von ChatGPT (Chatbot Generative Pre-trained Transformer). Doch ohne die Schaffung einer KI-Kultur im Unternehmen, die Akzeptanz von KI im Management sowie die Integration in die Unternehmensstrategie hat der Einsatz neuer Technologien wenig Aussicht auf Erfolg. Weitere Herausforderungen sind eine mangelnde Datenverfügbarkeit- und Qualität sowie komplexe IT-Architekturen (vgl. Plonke, 2024). Zudem müssen ältere Systeme gegen neue ersetzt werden, um den steigenden IT-Anforderungen gerecht werden zu können. Ergänzend sollten Datensilos aufgelöst und bestehende Bearbeitungsprozesse zunächst automatisiert werden (vgl. Schmitt, 2021). Datenbestände in getrennten Anwendungen können nur schwer in übergreifenden Unternehmensanalysen genutzt werden (vgl. Lühnendonk & Hosselnelder GmbH, 2022). Erst wenn diese Datensilos aufgelöst sind, können digitale Technologien wie KI gewinnbringend in Unternehmen implementiert werden. Eine weitere Schwierigkeit ist darüber hinaus, dass Digitalisierungsstrategien anderer Branchen aufgrund der über Jahrzehnte entstandenen Strukturen nicht eins zu eins auf die Unternehmen in der Versicherungsbranche übertragen werden können (vgl. Wittenbrink, 2023). Vor allem innerhalb der Versicherungsbranche dominierte lange Zeit der Ansatz „business as usual". Aus diesem Grund wurde wenig Augenmerk auf eine Veränderungsbereitschaft gelegt. Experten sehen die Gründe hierfür vor allem im Geschäftsmodell selbst. Angesichts der Herausforderungen ist es für Versicherungsmaklerinnen und -makler und IVM entscheidend, sich aktiv mit digitalen Technologien wie KI auseinanderzusetzen und diese gezielt im Unternehmen einzubringen.

Digitalisierung, digitale Transformation und Künstliche Intelligenz

2

2.1 Grundlagen der Digitalisierung

Die Digitalisierung wird als Treiber von Beschleunigung bezeichnet. Denn der digitale Wandel dynamisiert sich insbesondere durch neue digitale Möglichkeiten. Digitalisierung beschreibt die Umwandlung analoger Informationen, Objekte oder Ereignisse in digitale Formate. Sie umfasst vier Dimensionen: digitale Produkte (datenbasierte Dienste), digitale Prozesse (steuernde Organisationsabläufe), digitale Vernetzung (Verbindung einzelner Prozessschritte) und digitale Geschäftsmodelle (Verkauf digitaler Produkte) (vgl. Bundesministerium für Wirtschaft und Klimaschutz, o. J.). Sie verändert die industrielle Wertschöpfung grundlegend und wird weiterhin die Welt prägen.

Neben KI und Machine Learning (ML) gibt es weitere neue digitale Technologien wie beispielsweise die Cloud, Internet-of-Things (IoT), Robotik und Augmented Reality (AR). Die rasante technologische Entwicklung der letzten Jahrzehnte wird oftmals auch als „Hockey Stick Curve" bezeichnet, bei der in immer kürzeren Abständen neue Technologien entstehen. In der heutigen Zeit werden die Entwicklungen vor allem durch KI geprägt.

Digitalisierung optimiert Prozesse, senkt Kosten, erhöht Transparenz und Flexibilität und stärkt so die Wettbewerbsfähigkeit. Mitarbeitende werden von Routinetätigkeiten entlastet und können sich anspruchsvolleren Aufgaben widmen, was die Motivation steigert. Kritisch sind hohe Anfangsinvestitionen, Datenschutz, technologische Abhängigkeit, Mitarbeiterwiderstand und Fachkräftemangel. Überwiegen können die Vorteile, wenn Unternehmen eine klare Digitalstrategie verfolgen – dann steht der Transformation nichts im Wege.

M. H. Dahm, M. Spincke, *Künstliche Intelligenz im Versicherungswesen*, FOM-Edition, https://doi.org/10.1007/978-3-658-50733-6_2

2.2 Bedeutung der digitalen Transformation

Bei Betrachtung der Auswirkungen und Möglichkeiten in Bezug auf die Digitalisierung verwundert es nicht, dass der Wandel weitere Ausmaße annimmt. Unter einer digitalen Transformation, welche häufig auch als digitale Wende oder digitale Revolution bezeichnet wird, kann ein digitaler, fortlaufender Prozess verstanden werden, der die gesamte Gesellschaft betrifft. Sie wird auch als strategische Initiative bezeichnet, die in allen Bereichen eines Unternehmens digitale Technologien einbezieht (vgl. O'Brien et al., 2024). Die digitale Transformation lässt sich grundsätzlich in vier Stufen einteilen: Digitization (Umwandlung analoger in digitale Daten), Digitalization (Verbesserung von Arbeitsschritten), Automatisierung (automatisierte Standardprozesse) und Transformation, das heißt der grundlegenden Veränderung von Prozessen, Systemen, Menschen und Geschäftsmodellen im Unternehmen (vgl. Dippold, 2022).

In der Literatur existieren einschlägige Empfehlungen und Erfolgsfaktoren der digitalen Transformation, die maßgeblich zum Erfolg beitragen können. Die Erfolgsfaktoren sind den Bereichen Organisation, Führung, Kundenfokus und Technologie zuzuordnen. Ein wesentlicher Bestandteil für den Erfolg der digitalen Transformation ist die Überarbeitung, die Aktualisierung und das Ersetzen von bestehenden IT-Systemen, Prozessen und Anwendungen. Denn eine gute IT-Infrastruktur ist die Basis für die Integration von Daten und die Entwicklung neuer Geschäftsmodelle. Bei der Schaffung einer modernen IT-Infrastruktur ist die automatisierte Verarbeitung und Analyse von Daten möglich, sodass dadurch die Kundenzufriedenheit, Flexibilität und Effizienz gesteigert werden können. Hier spielt der Erfolgsfaktor Organisation eine wesentliche Rolle, da bei neuen Technologien oftmals Widerstand gegen Veränderungen bei den Mitarbeitenden auftreten können. Dem kann durch eine offene und transparente Kommunikation sowie entsprechende Schulungen gegengesteuert werden (vgl. Harwardt, 2022).

2.3 Grundsätze der Künstlichen Intelligenz

KI gehört zu einem Teilgebiet der Informatik und kann kognitive menschliche Fähigkeiten imitieren, indem Informationen aus Eingabedaten erkannt und sortiert werden. Diese Intelligenz kann durch maschinelles Lernen erzeugt werden oder basiert auf der Programmierung von Abläufen (vgl. Roscher et al., o. J.). KI wird in schwache und starke KI unterteilt. Während schwache KI auf Algorithmen für spezifische Aufgaben basiert, besitzt starke KI menschenähnliche Fähigkeiten.

Grundsätzlich wird zwischen drei Entwicklungsstufen unterschieden, die aus allgemeiner KI (Nachahmung menschlicher Intelligenz), Machine Learning (Lernen aus Daten) und Deep Learning (neuronale Netze zur Analyse großer Datenmengen) bestehen. Letzteres ermöglicht z. B. die Erkennung von Krebszellen, wie ein Projekt der University of California zeigt (vgl. Durmus, 2019).

Neben den drei genannten Abstufungen kann KI darüber hinaus in unterschiedliche Teilbereiche aufgeteilt werden. Hierzu gehören beispielsweise Natural Language Processing, Knowledge Representation, Large Language Models (LLMs), Generative KI und Prompt Engineering. LLMs können auf Basis neuronaler Netze große Datenmengen verarbeiten, Texte analysieren und daraus verständliche Antworten formulieren. Generative KI hingegen ist in der Lage, mithilfe von Algorithmen oder KI-Modellen neue Inhalte zu generieren. Hierzu gehören Texte, Bilder, Musik, Literatur, Kunst und die Entwicklung von Spielen (vgl. Schurr, 2024).

KI ist vielseitig einsetzbar – von Dokumenten- und Textverarbeitung über Assistenzsysteme bis hin zu Robotik und autonomen Systemen – und in der gesamten Wertschöpfungskette denkbar: z. B. im Kundenmanagement (Feedback-Analysen und Chatbots), in der Logistik (Roboter und Planungstools) und in der Produktion im Bereich Fehlererkennung und Wartungshinweise (vgl. Bundesnetzagentur für Elektrizität, Gas, Telekommunikation, Post und Eisenbahnen, o. J.). Zu den heute bekanntesten KI-Tools gehören ChatGPT, DeepL, Dall-E 3, LanguageTool und Descript (vgl. Merzbach, 2025). KI bietet insgesamt viele Vorteile, insbesondere in den Bereichen Analyse, Prognostizierung, Automatisierung und Effizienz. Gleichzeitig bestehen Herausforderungen wie rechtliche Vorgaben (z. B. der EU AI Act), ethische Fragen (z. B. Verzerrungen und Diskriminierung) und soziale Grenzen, da KI keine Empathie besitzt (vgl. Rainsberger, 2021). Insgesamt bleibt KI ein dynamisches und weitreichendes Forschungsfeld.

Grundlagen, Entwicklungen und Perspektiven durch Künstliche Intelligenz

3

3.1 Begriffsdefinitionen: Versicherungsbranche, Versicherungsmakler und Industrieversicherungsmakler

Die Versicherungsbranche gehört zu den wichtigsten und bedeutendsten Wirtschaftszweigen in Deutschland. Zu den Akteurinnen und Akteuren der Versicherungswirtschaft gehören unter anderem Erstversicherer, Rückversicherer, Versicherungsvermittelnde und -beratende sowie Versicherungsmaklerinnen und -makler und Assekuradeure. Die Arten von Versicherungen lassen sich in die Personen-, Komposit- sowie Gewerbe- und Industrieversicherungen einteilen.

Versicherungsmaklerinnen und -makler sind Experten für Versicherungen; sie agieren unabhängig von Gesellschaften und vertreten ausschließlich die Interessen des Kunden/der Kundin bzw. des Versicherungsnehmers/der Versicherungsnehmerin (VN) (vgl. Insurancy, o. J.). Zu den Aufgaben einer Maklerin bzw. eines Maklers gehören die Beratung, die Vermittlung von passenden Versicherungsprodukten sowie die Prüfung bestehender Verträge von Kunden (vgl. Schmidt, 2020).

Der Industrieversicherungsmarkt unterscheidet sich deutlich vom Privatversicherungsmarkt, da standardisierte Produkte den komplexen Risiken großer Unternehmen (ab 10 Mio. € Umsatz) selten gerecht werden. Daher gestalten IVM gemeinsam mit den Versicherern individuelle Verträge, die auf die Bedürfnisse der VN zugeschnitten sind. Weitere Aufgaben sind die ganzheitliche Bedarfsermittlung und Risikoanalyse sowie die Prüfung und Optimierung bestehender Verträge unter Berücksichtigung der Risikotoleranz und -strategie (vgl. Pahl et al., 2020).

3.2   Aktuelle Situation im Berufsfeld der Versicherungsmakler

Die Versicherungswirtschaft im Jahre 2025 ist von Polyrisiken geprägt. Zudem ist die Risikolandschaft unsicher und komplex. An sich gilt die Versicherungsbranche als konservative und tradierte Branche. Doch die steigenden Herausforderungen haben bereits zu einer Konsolidierungswelle bei IVM geführt. In Summe wird deutlich, dass sich insbesondere kleinere und mittlere IVM, auch aufgrund des starken Wettbewerbs um Mitarbeitende und Kunden, in einer ernstzunehmenden Situation befinden (vgl. Gorr, 2021).

Darüber hinaus wird aufgrund der sich wandelnden technologischen, gesellschaftlichen und rechtlichen Rahmenbedingungen das Risikomanagement von Kundinnen und Kunden anspruchsvoller und vielschichtiger, sodass es für IVM zunehmend wichtiger wird, sich auf die Mehrwerte für die Kundinnen und Kunden zu konzentrieren und diese herauszuarbeiten (vgl. Pahl et al., 2020). Durch die Zunahme von Risiken hat sich der Bedarf an intensiven Beratungen erhöht. Dies machen sich IVM zum Vorteil, denn sie können gleichzeitig als Versicherungsmaklerin bzw. Versicherungsmakler sowie als Risikomanagerin bzw. Risikomanager auftreten (vgl. Süddeutsche Zeitung, o. J.).

IVM erleben eine beschleunigte Innovationsdynamik. Die Digitalisierung verändert den Versicherungssektor tiefgreifend, intensiviert den Wettbewerb und treibt Strategien, Produkte und Geschäftsprozesse voran. Kooperationen mit Start-ups und branchenfremden Unternehmen nehmen zu. Digitale Technologien und mehr verfügbare Daten verbessern die Interaktion mit Kunden und Partnern sowie den Zugang zu Versicherungslösungen – etwa in der Schadenverhütung. In der Digitalwirtschaft gilt die Versicherungswirtschaft als sehr bedeutsam, da die Branche hochgradig datengetrieben ist. Derzeit liegt der Fokus insbesondere auf dem Einsatz von KI-Projekten innerhalb der gesamten Wertschöpfungskette. Die aktuellen Möglichkeiten reichen von der Schadenabwicklung bis zur Kundenschnittstelle. Zum Einsatz kommen KI-Chatbots, Tools zur Betrugserkennung sowie Anwendungen der Bild- und Texterkennung (vgl. GDV – Gesamtverband der Deutschen Versicherungswirtschaft e. V., 2023).

Von der Digitalisierung zur Künstlichen Intelligenz
Auch traditionelle Berufe wie IVM werden durch den technologischen Fortschritt verändert (vgl. Sach, 2024). Besonders durch die weltweite digitale Transformation unterliegt die Risikolandschaft der IVM einem starken Wandel. Aller Voraussicht nach ist dies nur der Anfang, darauf deutet der gegenwärtige Trend um KI hin.

Ein wichtiges Thema ist zudem die Kostenreduzierung durch Digitalisierung, Standardisierung und Automatisierung (vgl. Willis Tower Watson GmbH, 2019). Gleichermaßen ist es auch entscheidend, das Erlebnis für die Kunden zu verbessern, sodass eine Abgrenzung und Besserstellung zum Wettbewerb möglich ist (vgl. Gösswein, 2024). Indessen findet die digitale Transformation im Industrieversicherungssektor im Vergleich zu anderen Segmenten eher langsam statt (vgl. Willis Tower Watson GmbH, 2019). Hintergrund ist, dass viele Prozesse und Anwendungen von nicht-digitalen Lösungen geprägt sind. Damit kann der potenzielle Mehrwert von KI nur begrenzt ausgeschöpft werden (vgl. Gösswein, 2024). Der Druck zur Innovationssteigerung und Modernisierung ist in den vergangenen Jahren allerdings immens gewachsen (vgl. Verlag Versicherungswirtschaft GmbH & Co. KG, 2023).

Experten sehen es nicht als ausreichend an, lediglich Prozesse und Produkte zu digitalisieren. Vielmehr müssen Unternehmensprozesse und Produktwelten vollständig neu gedacht werden. Laut einer Studie des renommierten Industrieversicherungsmaklers Marsh in Kooperation mit Oliver Wyman drängen neue Marktteilnehmende nach Deutschland, wodurch Digitalisierung, Differenzierung und Innovation an Bedeutung gewinnen. Zudem verschärfen steigende Kundenerwartungen den Wettbewerb. IVM reagieren darauf mit Kooperationen, Investitionen, Pilotprojekten und ersten digitalen Prozessen (vgl. Florian et al., 2019). Durch die zunehmende Relevanz von Onlinepräsenz ergeben sich jedoch auch Risiken, beispielsweise Cyber-Angriffe mit einhergehenden Reputationsrisiken.

Durch die steigende digitale Komponente können sich IVM zukünftig vermehrt auf die Beratung und das Risikomanagement konzentrieren und erhalten digitale Unterstützung bei den einzelnen Prozessschritten. Gleichzeitig wird die Digitalität zu einem großen Faktor im Wettbewerb, da Kunden aufgezeigt wird, wie sie sich mittels digitaler Tools eigenständig beraten lassen und Versicherungsangebote vergleichen können. Daher sollten IVM verstärkt auf die Bedürfnisse der Kunden eingehen und diese individuell beraten (vgl. Süddeutsche Zeitung, o. J.). Digitale Kundenportale steigern Reaktionsgeschwindigkeit, Transparenz und Nutzungsfreundlichkeit. VN erhalten Zugriff auf Versicherungsdaten, inklusive Policen und Bedingungen. Die Portale dienen als zentrale Informationsplattform mit benutzungsfreundlicher Oberfläche. Schäden können online gemeldet und deren Bearbeitung verfolgt werden. Auch im Renewal-Prozess verbessern sie den Informationsfluss zwischen Kunden, IVM und Versicherern (vgl. Pahl et al., 2020). Insbesondere Programmierschnittstellen wie API (Application Programming Interfaces) sowie die Anbindung von Geschäftsprozessen an moderne schnittstellenbasierte

Integrationstechnologien werden an Bedeutung gewinnen, um das Kundenerlebnis zu verbessern.

Die Implementierung und die Anwendung von KI sind ohne Hardware, entsprechende Rechenleistung und die richtige Software nicht möglich. Für IVM ist daher der Aufbau einer robusten IT- beziehungsweise KI-Infrastruktur von elementarer Bedeutung und gleichzeitig ein fundamentaler Schritt in einem regulierten Markt. Zur Auswahl stehen mehrere Möglichkeiten. KI-Anwendungen können zum einen auf lokalen Rechnern (On-Premises), in der Cloud oder in einer hybriden Umgebung betrieben werden. Die Nutzung der Cloud gewährleistet die notwendige Compliance bei der Datenverarbeitung und Sicherheit und erfüllt damit die gegebenen regulatorischen Anforderungen.

Die digitale Transformation des Arbeitsumfeldes der IVM mit Technologien wie KI ist ein mehrjähriger Prozess, der klare Entscheidungen von Management und Geschäftsführung erfordert. Erfolgsfaktoren sind eine passende Beratung, eine durchdachte Datenstrategie, der Einsatz digitaler Technologien zur Automatisierung sowie ein offenes Mindset der Mitarbeitenden. Der Mehrwert sollte schrittweise durch verantwortliche Teams vermittelt werden. Die Integration von KI ist für IVM ein zentraler Schritt bei der digitalen Transformation – mit Chancen und Herausforderungen.

Effizienzsteigerung und Automatisierung durch Künstliche Intelligenz
IVM arbeiten traditionell, beziehungs- und wissensbasiert, doch KI verändert zunehmend Aufgaben und Herangehensweisen (vgl. Sach, 2024). IVM sollten den Fokus auf die zukunftsfähige Gestaltung aller Geschäftsabläufe legen. Denn neben Kundenwachstum sollte die interne Wertschöpfungskette regelmäßig auf Effektivität und Effizienz überprüft werden, um die Skalierbarkeit von Tätigkeiten, beispielsweise durch automatisierte Prozesse, zu maximieren (vgl. Besold & Krohn, 2024).

Wachsende Datenmengen zählen zu den größten Herausforderungen für IVM und sind manuell kaum zu bewältigen. KI kann durch maschinelles Lernen und Datenanalyse helfen, diese effizient zu verarbeiten und relevante Muster für die Beratung zu erkennen (vgl. Sach, 2024). Zudem können Bestands- und Verwaltungssysteme mit den verarbeiteten Daten gefüllt werden. Wenn die vorhandenen Systeme bereits einen hohen digitalen Reifegrad erreicht haben, ist es möglich, dass Transaktionen automatisiert ausgelöst und qualitätsgesichert ausgeführt werden können (vgl. Gösswein, 2024). KI bietet für IVM vielfältige Einsatzmöglichkeiten. Hierzu gehören innerbetriebliche Aufgaben, etwa die Schadenabwicklung, die Risikobewertung und der Kundenservice. KI wird zudem nicht als Ersatz, sondern als Verbesserung für gewisse Tätigkeitsbereiche betrachtet. Eine

Umfrage des Instituts für Transformation und Weiterbildung in der Assekuranz GmbH (ITW) in Zusammenarbeit mit dem Marktforschungsunternehmen HEUTE und MORGEN ergab, dass sich IVM jedoch deutlich zurückhaltender gegenüber dem Einsatz von KI-Tools in der Kundenberatung zeigten, etwa in Bezug auf die automatische Erstellung von Verkaufsgesprächsvorlagen und Kundenprofilanalysen. Das Potenzial von KI-Tools wird vor allem für administrative Aufgaben als groß angesehen. Interesse besteht auch am Einsatz von Spracherkennungssoftware, die beispielsweise Schadensmeldungen von Kunden aufnehmen kann oder Maklerinnen und Makler auf fehlende Dokumente oder Informationen hinweist. Bereits heute werden KI-Tools zur Texterstellung genutzt, um qualitative hochwertige Texte und Inhalte zu erstellen und effizienter zu kommunizieren (vgl. Sach, 2024).

Der Industrieversicherungssektor hat erkannt, dass er sich der Digitalisierung und der digitalen Transformation nicht mehr entziehen kann (vgl. Otto, o. J.). Denn lange Zeit waren die Versicherer und die Maklerschaft von wenig Differenzierung und gleichförmigen Strategien geprägt (vgl. Florian et al., 2019). Zu empfehlen ist, den Wandel ganzheitlich im Unternehmen zu integrieren und ihn als Perspektive für die Zukunft zu begreifen (vgl. Otto, o. J.).

3.3   Chancen und Herausforderungen durch Künstliche Intelligenz

Für IVM überwiegen die Möglichkeiten, da durch KI der Kundenservice verbessert sowie die Effektivität und Effizienz gesteigert werden können und dadurch mehr Zeit für eine qualitativ hochwertige Beratung der Kunden bleibt. Dies kann zu einem Wettbewerbsvorteil führen (vgl. Sach, 2024), denn in der Kundenberatung wird der Faktor Mensch weiterhin eine große Rolle spielen (vgl. Wipf, 2021). KI wird in diesem Zusammenhang nicht als Ersatz, sondern als Unterstützung des Menschen gesehen (vgl. Sach, 2024). Darüber hinaus wirkt sich der Einsatz von digitalen Technologien wie KI positiv auf die Gewinnung von neuen Mitarbeitenden aus, da besonders junge Talente darauf achten, wie der technologische Stand im Unternehmen ist und welcher Makler weiterhin traditionell arbeitet (vgl. Otto, o. J.).

Eine Herausforderung ist die Sorge der Mitarbeitenden, durch KI langfristig ihre Tätigkeiten zu verlieren (vgl. Sach, 2024). Daher ist es entscheidend, die Mitarbeitenden im Rahmen eines Change-Managements eng zu begleiten und die neuen benötigten Fähigkeiten mittels Schulungen und Weiterbildungsmöglichkeiten zu vermitteln. Bei der Verarbeitung sensibler Daten sind die DSGVO (Datenschutz-Grundverordnung) und die Datensicherheit essenziell – IVM müssen die rechtlichen Vorgaben einhalten. KI kann bei fehlerhaften Trainingsdaten voreingenommen oder ungenau sein. Ergebnisse sollten daher kritisch betrachtet sowie durch menschliche Expertise ergänzt und geprüft werden, um fundierte Entscheidungen treffen zu können (vgl. Sach, 2024).

Aufgrund der Tatsache, dass IVM in Bezug auf die Anwendung von KI innerhalb der digitalen Transformation in der Literatur nur in geringem Ausmaß thematisiert und behandelt werden, befasst sich der weitere Verlauf der Untersuchung mit der Fragestellung, welche weiteren Potenziale zur Effizienzsteigerung und Automatisierung aus der Praxis herangezogen werden können.

Ergebnisse der Experteninterviews im Überblick 4

4.1 Anforderungen und Prozesse im Wandel

Im Folgenden werden die Ergebnisse der Experteninterviews präsentiert. Es wurden 17 Interviews mit Expertinnen und Experten aus Versicherungsmakler-, Versicherungs- und Beratungsunternehmen im Zeitraum Oktober bis November 2024 geführt. Die Gespräche konzentrierten sich inhaltlich auf die drei Themenschwerpunkte Anforderungen und Prozesse, Kundenzufriedenheit und Arbeitsabläufe. Die Befragten gaben Auskunft über Trends, Einsatzmöglichkeiten von KI, Erfolgsfaktoren, Strategien und Ziele, technologische Infrastruktur und Systeme, Herausforderungen bei der Automatisierung von Prozessen und den Einsatz von KI.

Trends
Die Befragten geben an, dass derzeit viele unterschiedliche Trends existieren. Aufgrund der Polyrisiken sind Unternehmen innerhalb der Versicherungswirtschaft gegenüber den Vorjahren sensibler für Risiken, Krisen und das Krisenmanagement geworden. Gleichzeitig werden Versicherungskonzepte von IVM seitens der Kunden stärker hinterfragt als zuvor. Angesicht der systematischen Risiken verändern sich die Voraussetzungen, wie eine Versicherung überhaupt funktioniert. IVM stellt dies vor die strategische Überlegung, welche Angebote zukünftig noch abgegeben werden können und wie ein Risiko möglichst exakt bestimmt werden kann.

Darüber hinaus wird berichtet, dass sich viele Unternehmen in einer Transformationsphase befinden und hinsichtlich der technologischen Veränderungen einem hohen Transformationsdruck ausgesetzt sind. Hierzu lässt sich ebenfalls das veränderte Kundenverhalten einordnen, wodurch sich der Kundenzugang und die Customer Journey verändern. Hierzu gehören beispielsweise die

M. H. Dahm, M. Spincke, *Künstliche Intelligenz im Versicherungswesen*, FOM-Edition, https://doi.org/10.1007/978-3-658-50733-6_4

Informationsbeschaffung und die erhöhte Erwartungshaltung der Kundinnen und Kunden. Dies ist nicht überraschend, da die Versicherungsbranche lange Zeit als nicht innovativ galt. Gleichzeitig war sie trotz ihrer Ineffizienz durch den stetig hohen Bedarf an Versicherungen höchst erfolgreich. Die Expertinnen und Experten schätzen, dass sich die Versicherungswirtschaft derzeit in drei verschiedenen Transformationen befindet: in einer digitalen Transformation – bezogen auf Digitalisierung –, in einer ökologischen Transformation – in Bezug auf CSRD (Corporate Sustainability Reporting Directive) und ESG (Environmental, Social und Governance) – sowie am Anfang einer KI-Transformation, die sich auf den Einsatz neuer Technologien wie KI fokussiert. Besonders die Auswirkungen von KI werden als eindringlich beschrieben, da sich die Arbeitsabläufe und damit einhergehend die Wettbewerbspositionen enorm verändern werden. Als weiterer Trend wird von allen Expertinnen und Experten die Digitalisierung genannt, insbesondere in Bezug auf Innovationen, Kosteneffizienz, Verwendung von Daten und Prozessoptimierung. Im zweiten Schritt folgt die Automatisierung, die durch neue Technologien unterstützt wird. Zudem nehmen die Befragten wahr, dass in vielen Maklerhäusern ein Innovationsstau besteht, da lange Zeit an alten Systemen festgehalten wurde und dadurch moderne Prozesse nicht forciert werden konnten. Insgesamt zeigt sich, dass die Maklerwelt, insbesondere im Gewerbe- und Industriekundensegment, im Vergleich zur Versichererseite rückständig ist. Hier wird der digitale Wandel durch Individualität und mangelnde Standardisierung erschwert. Neben der Digitalisierung sehen die Expertinnen und Experten ebenfalls im Einsatz von KI einen Trend; wie zuvor erwähnt, sprechen einige Befragte von dem Beginn einer KI-Transformation, die mit umfassenden und auch strategischen Veränderungen innerhalb des Unternehmens einhergeht. Wie diese Transformation gestaltet wird, variiert von Unternehmen zu Unternehmen. Insgesamt ist auch hier ein Unterschied zwischen dem Privatkunden- und dem Gewerbe- und Industrieversicherungsgeschäft zu beobachten, jedoch nimmt die Automatisierung im Industriegeschäft stetig zu, insbesondere bei standardisierten Vorgängen wie der Erstellung von Versicherungsdokumenten. Es werden Projekte mit generativer KI und LLMs erprobt, die einen hohen Effizienzgewinn versprechen. Im Fokus stehen die Bedürfnisse der Kunden, die sich in optimierten Prozessen wiederfinden müssen.

Weiter wird im Markt eine Konsolidierung beobachtet, die aus einer Summe von Druck in Bezug auf Digitalisierungs- und Compliancethemen und daraus resultierenden Investitionen zusammenhängt. Daraus entstehen zunehmend große Wettbewerber, die monetär besser aufgestellt sind und dadurch vermehrt im Bereich Digitalisierung und Innovation investieren können. Der zunehmende Kostendruck steigt weiter an und wird durch Inflation und zunehmende Schadenereignisse weiter verstärkt. An diesen Druck schließt sich das Thema Compliance im

Zusammenhang mit Anforderungen und Regulierungen an, welches seitens der EU – beispielsweise aufgrund des EU AI Acts – und des deutschen Gesetzgebers auf die IVM und die Versicherungswirtschaft einwirkt.

Zudem stellt der hohe Fachkräftemangel mit dem damit einhergehenden Verlust von Know-how einen zentralen Trend dar, durch den sich die Arbeitswelt verändert. Die Expertinnen und Experten geben an, dass die gesamte Versicherungsbranche durch natürliche Fluktuation wie Renteneintritt und unternehmensfremde Fluktuation wie Jobwechsel 30 % der Belegschaft verlieren wird, wenn die Unternehmen nicht gegensteuern.

Einsatzmöglichkeiten von KI

Die Expertinnen und Experten sehen vielfältige Einsatzmöglichkeiten von KI und berichten von bestehenden KI-Pilotprojekten oder KI-Anwendungen, die im Unternehmen bereits angewendet werden. Hierzu gehören beispielsweise KI-Chatbots oder die automatisierte Schadenbearbeitung. Konsens besteht dahingehend, dass der Einsatz von KI nahezu in der gesamten Wertschöpfungskette und in jeglicher Form von Entscheidungsprozessen vorstellbar ist. Insbesondere Bereiche, in denen es viele strukturierte Daten und klare Prozesse gibt, haben eine hohe Affinität zur Automatisierung. Doch die größte Relevanz und gleichzeitig die größte Herausforderung für IVM ist im Augenblick die Analyse unstrukturierter Daten. Das Hauptaugenmerk liegt auf allen Stellen der Datenauswertung, in denen KI und Process Analytics unterstützen können.

Die Einsatzmöglichkeiten reichen vom einfachen Kundenservice, der Angebotserstellung, der Vertragsverwaltung, der Dokumentenverarbeitung bis hin zur Schadenbearbeitung. Hierzu gehören die Erstellung von Verträgen und Versicherungsbestätigungen, das Versenden von Dokumenten, die Vorbereitung von Jahresgesprächen, Frequenztätigkeiten bei Rahmenverträgen sowie die Durchführung von Serienaktionen. Auf vertrieblicher Ebene sehen die Expertinnen und Experten den Einsatz von KI vor allem auf prozessualer Ebene. Voraussetzung ist, dass die vorhandenen Daten in das Bestandsführungssystem migriert werden. KI wird auch im Bereich der Schadenmeldung und Schadenbearbeitung als hilfreich eingeschätzt. Von den Expertinnen und Experten wird das Auslesen und das Erkennen von Kundendaten genannt, um diese entsprechend strukturieren zu können. Zudem kann KI bei der Identifizierung von Betrugsfällen mithilfe von Mustererkennung unterstützen. Weiter berichten die Befragten, dass KI im Rechnungswesen Anwendung findet. Dort werden KI-Systeme eingesetzt, mit denen Vorgänge in einer hohen Geschwindigkeit gleichzeitig erledigt werden können. Dies wäre händisch mit Mitarbeitenden in der gleichen Zeit nicht möglich.

Des Weiteren berichten die Expertinnen und Experten von der Entwicklung hauseigener KI-Chatbots auf Basis von ChatGPT und eigener LLMs, die in einer datenschutzkonformen Umgebung von den Mitarbeitenden genutzt werden können. Dadurch ist es möglich, sensible und personenbezogene Daten sicher im KI-Chatbot zu verwenden. Die Nutzung reicht von der Texterstellung für E-Mails bis hin zur Datenabfrage, sofern die Systeme miteinander vernetzt sind. Ergänzend wird KI im Bereich der Schulungsentwicklung herangezogen, indem E-Learning-Kurse automatisiert erstellt werden können.

Erfolgsfaktoren

In Bezug auf die Erfolgsfaktoren für den Einsatz von KI können Parallelen in Theorie und Praxis festgestellt werden. Die Experten geben an, dass zunächst die Voraussetzungen innerhalb des Unternehmens geschaffen werden müssen, bevor KI erfolgreich implementiert werden kann. Hierzu gehört, dass das Unternehmen eine gewisse technische Reife erreicht hat, indem veraltete Anwendungslandschaften gegen neue Datenstrukturen in Verbindung mit einem Data Warehouse ersetzt werden. Es wird als entscheidend angesehen, dass eine schnittstellenfähige Daten- und Cloudstrategie entwickelt wird, damit die IVM mit KI arbeiten können. Zudem werden auf der Seite der Mitarbeitenden Visionäre und Treiber benötigt, um Veränderungen in Bezug auf den Einsatz neuer Technologien im Unternehmen etablieren zu können. In diesem Zusammenhang sollten Veränderungen in kleinen Schritten erfolgen, um die gesamte Unternehmensorganisation mitzunehmen und kritische Mitarbeitende zu überzeugen. Denn Beispiele aus der Softwarebranche machen deutlich, dass IT-Projekte und damit einhergehende Veränderungen nicht zu groß gedacht werden sollten. Unter dem Aspekt des Fachkräftemangels sehen die Expertinnen und Experten enormes Entwicklungspotenzial in der gesamten Versicherungsbranche, was ebenfalls einen Erfolgsfaktor darstellt. Die Befragten geben an, dass zu wenig ausgebildetes Personal und Fachkräfte im Bereich Data Science existieren und perspektivisch kleine und mittelständische IVM davon betroffen sein werden.

Strategie und Ziele

Wie bereits bei den Erfolgsfaktoren erwähnt, spielt die Existenz einer Daten- und Cloudstrategie eine wichtige Rolle. Nahezu alle Befragten geben an, dass der Einsatz von neuen Technologien und KI in der Strategie verankert ist, um Effizienzsteigerungen und -gewinne zu erzielen. Demnach wird es forciert, dass durch KI mit der gleichen Anzahl an Personen das Geschäftsergebnis verbessert wird. Gleichzeitig sollen durch die effizientere Aufstellung der persönliche Kundenkontakt gestärkt und die individuellen Kundenbedürfnisse fokussiert werden. Durch die Aussagen der Befragten wird deutlich, dass die IVM die Wichtigkeit von KI erkannt haben und sich dahingehend bereits heute strategisch aufstellen.

Es wird berichtet, dass beispielsweise Projektgruppen gebildet werden, um Use Cases für KI im Bereich des Wissensmanagements und der Kundensprache zu identifizieren. Damit soll eine Awareness für das Thema KI im gesamten Unternehmen geschaffen werden. Technikaffine Mitarbeitende sollen als eine Art Influencerin bzw. Influencer fungieren, um skeptische Kolleginnen und Kollegen von KI-Tools zu überzeugen. Ferner sammeln die Projektgruppen Anwendungsbeispiele von Künstlicher Intelligenz in der Belegschaft. Durch die Projektgruppen wird das Ziel verfolgt, den Bedarf von KI an einer zentralen Stelle bündeln und koordinieren zu können.

Technologische Infrastruktur und Systeme
Die Befragten stellen fest, dass für höchstmögliche Effizienz und damit einhergehende Wettbewerbsvorteile leistungsstarke IT-Systeme sowie technologische Infrastrukturen vorhanden sein müssen. Einige Expertinnen und Experten geben jedoch an, dass die Digitalisierung in ihrem Maklerhaus noch nachgeholt werden muss und der Aufbau einer funktionierenden Infrastruktur forciert wird, da es Bereiche gibt, die erst aufbereitet werden müssen, damit sie für den Einsatz von KI kompatibel sind. Zudem existieren bei vielen IVM viele unabhängige Einzelsysteme, die nicht miteinander vernetzt sind. Um strukturierte Daten generieren und im Anschluss zerlegen zu können, müssen Anschlusssysteme und -infrastrukturen vorhanden sein, um einen Vorteil daraus ziehen zu können. Ähnlich ist es auch mit dem Einsatz von KI: Es müssen Folgesysteme existieren, um KI nutzen zu können. Die IVM sollten sich daher mit ihren Altsystemen auseinandersetzen und sich fragen, welche Broker-Management-Systeme mit KI kompatibel sind und ob bereits mit einem Data Warehouse gearbeitet wird.

Weiter heben mehrere Interviewpartnerinnen und -partner hervor, dass eine exzellente Datenqualität die Grundvoraussetzung ist, um die vorhandenen Daten nutzen und das Potenzial von KI ausschöpfen zu können. Es ist entscheidend, dass die KI eine gute und umfangreiche Datenbasis hat. Wenn dies nicht gegeben ist, kann das gesamte System nicht funktionieren, denn eine KI kann nur so gut sein wie die Daten, mit denen sie arbeitet. Zudem muss die Qualität der Daten kontinuierlich verbessert werden. Ergänzend ist speziell bei KI das Thema der Datenverfügbarkeit wichtig. IVM müssen sich damit beschäftigen, ob bereits strukturierte Daten vorliegen, um insbesondere spezielle KI-Modelle anlernen zu können. In diesem Zusammenhang benennen die Expertinnen und Experten auch das Thema Datenschutz. Um eine KI zu spezifizieren, muss diese mit vielen Daten trainiert werden. Voraussetzung dafür ist, dass diese Daten auch für diesen Zweck verwendet werden dürfen. Weiter greifen viele Unternehmensprozesse ineinander, sodass ein Datenaustausch über vernetzte Systeme und Schnittstellen möglich sein muss.

In Bezug auf die Prozesse erläutern die Interviewpartnerinnen und -partner, dass zunächst die gesamten Prozesse im Unternehmen überblickt werden sollten, um diese im zweiten Schritt anpassen und verändern zu können. Die Unternehmensprozesse müssen zudem definiert und dokumentiert sein. Erst dann sollten sich IVM damit beschäftigen, welche Prozesse standardisiert und automatisiert werden können und an welcher Stelle sie mit KI abgebildet werden können. Oftmals existiert zudem eine unternehmensübergreifende Integration von Prozessen, die bei der Prozessskizzierung berücksichtigt werden sollte.

Die Befragten berichten, dass der Aufbau und die Nutzung einer Cloud-Infrastruktur wesentliche Voraussetzungen sind, um KI nutzen zu können. Wie bereits erwähnt, wird dies im Rahmen einer Cloudstrategie bei den meisten IVM verankert. Es wird angegeben, dass für die Nutzung von KI der Zugriff auf Cloud-Lösungen notwendig ist, da es beispielsweise auf den eigenen Servern nicht mehr darstellbar ist. Cloud-Anbieter wie Microsoft und Google stellen in der Regel Anwendungen und Infrastrukturen zur Verfügung, die bei der Nutzung von KI unverzichtbar sind. Es gilt, die technisch-organisatorischen Voraussetzungen zu schaffen, um die Daten effektiv verarbeiten und in den operativen Bereichen einsetzen zu können.

Viele IVM arbeiten derzeit mit einer Vielzahl von Systemen, die nicht miteinander vernetzt sind und als Insellösung geschaffen wurden. Eine Konnektivität zwischen den Systemen ist damit nicht möglich. Zukünftig müssen vernetzte Systeme geschaffen werden, die Daten transferieren können. Darüber hinaus nimmt der Datenaustausch über Schnittstellen zu. Um KI-Lösungen anzubinden, raten die Expertinnen und Experten, performante Schnittstellen wie Application Programming Interfaces (APIs) einzurichten. Zudem müssen die Mitarbeitenden in der Lage sein, die Schnittstellen managen und bedienen zu können.

Die Entwicklung neuer Technologien nimmt rasant zu. Dies gilt auch für LLMs, die beispielsweise bei unternehmensinternen KI-Chatbots zugrunde liegen. Die Expertinnen und Experten berichten, dass sich die Intelligenz dieser Modelle innerhalb weniger Monate verdoppelt. Das heißt, diese Modelle werden kontinuierlich angepasst und langfristig für Unternehmen günstiger zur Verfügung gestellt werden. Diese KI-Modelle werden von den Befragten als Kompetenz der Zukunft gesehen.

Herausforderungen bei der Automatisierung von Prozessen
Im Stimmungsbild erachten die Befragten den Einsatz von KI positiv und nennen vielfältige Einsatzmöglichkeiten im Bereich des IVM. Gleichzeitig ergeben sich bei der Automatisierung von Prozessen durch KI verschiedene Herausforderungen. Die

Befragten unterscheiden diesbezüglich zwischen klassischen, technischen und organisatorischen Herausforderungen. Zu den klassischen Herausforderungen gehört das Thema Datenschutz. In der KI werden sensible und personenbezogene Daten verarbeitet, aus denen möglicherweise Datenmuster erzeugt werden können. Demnach muss in der Kommunikation mit den Kundinnen und Kunden ein Rahmen geschaffen werden, in dem die Kundin bzw. der Kunde weiterhin ein Sicherheitsgefühl hat. Ergänzend erhöht sich durch den zunehmenden Einsatz von KI das Risiko durch Cyberangriffe. Zu den technischen Herausforderungen gehört, die richtige IT-Architektur aufzubauen und einen Überblick über die Prozesse im Unternehmen zu haben. Die benötigte Serverkapazität erhöht sich und der Energiebedarf steigt bei der Nutzung von digitalen Technologien erheblich an. Besonders die organisatorischen Herausforderungen beschäftigen die Expertinnen und Experten. Hierzu gehört auch die Zusammenarbeit mit den Mitarbeitenden, dem Betriebsrat und der Rechtsabteilung. Bei der Nutzung von Daten ist die Zustimmung des Betriebsrats erforderlich, wodurch es zu Verzögerungen kommen kann. Zudem gehen mit dem Einsatz von KI rechtliche Anforderungen einher, die mit der Rechtsabteilung abgestimmt werden müssen. Ein großer Faktor sind zudem die Mitarbeitenden. Entscheidend ist eine Anwendungsbereitschaft der Belegschaft und eine gewisse Akzeptanz von KI-Systemen.

Einsatz von KI

Der Einsatz von KI im Bereich IVM wird von den Expertinnen und Experten grundsätzlich als möglich beschrieben, sofern die BaFin (Bundesanstalt für Finanzdienstleistungsaufsicht) keine Einschränkungen erlässt und die Anwendungen entsprechend rechtlich dokumentiert werden. Es gilt, sich vorab die Frage von Kosten und Nutzen zu stellen. Zu Beginn sollten, wie bereits erläutert wurde, die bestehenden Prozesse analysiert werden, um zu berechnen, ob der konkrete Anwendungsfall von KI sinnvoll ist und sich daraus perspektivisch ein Return on Investment (ROI) ergibt. Zudem sollten IVM rechtzeitig handeln, da aktuelle Anwendungsfälle aufgrund der rasanten Entwicklungsgeschwindigkeit digitaler Technologien in kürzester Zeit veraltet sein können.

Es stellt sich heraus, dass die Befragten Einschränkungen im Einsatz von KI wahrnehmen. Gerade im Industriegeschäft gibt es Bereiche, in denen es um Geschäftsbeziehungen und Vertrauen geht. Diese sind von persönlichen Beziehungen zwischen Menschen geprägt. Von einigen Expertinnen und Experten wird der Einsatz von KI in der Kundenberatung sogar kategorisch ausgeschlossen, da KI im Falle einer Falschberatung zu Verärgerung bei den Kundinnen und Kunden und zu rechtlichen Konsequenzen auf Maklerseite führen könnte. Andere Expertinnen und Experten sehen die KI in diesem Zusammenhang lediglich als Unterstützung in administrativen Vorarbeiten vor einem Kundengespräch.

4.2 Auswirkungen auf die Kundenzufriedenheit

Die Zufriedenheit der Kunden ist für IVM das wichtigste Gut. In vorangegangenen Kapiteln wurde beschrieben, dass es für IVM zunehmend wichtig wird, sich auf die Mehrwerte der Kundinnen und Kunden zu konzentrieren und diese herauszuarbeiten. Darüber hinaus steigert es die Wettbewerbsfähigkeit, wenn IVM aufgrund ausgezeichneter Kundenberatung hervorstechen. Die Expertinnen und Experten schätzen, dass die Kundenzufriedenheit durch die Automatisierung von Prozessen mithilfe von KI deutlich gesteigert werden kann. Aufgrund enormer Rückstandssituationen in den Schaden-, Antrags- und Vertragsbereichen müssen Kundinnen und Kunden teilweise mehrere Wochen auf Rückmeldungen warten. Durch den Einsatz von KI können Bearbeitungsprozesse durch Automatisierung deutlich verkürzt werden. Wenn die Kundinnen und Kunden perspektivisch das Gefühl haben, dass die Geschäftsvorfälle schnell bearbeitet und prozessiert werden, wird dies die Kundenzufriedenheit merklich steigern. Im Folgenden werden die Aspekte, die eng mit der Kundenzufriedenheit verknüpft sind, näher betrachtet.

Mehrwert
Die Befragten geben an, dass den Kunden viele Mehrwerte durch die Nutzung von KI entstehen können, beispielsweise dann, wenn eine Anfrage direkt mit KI beantwortet wird oder Dokumentierungen (Policen, Rechnungen etc.) automatisiert erfolgen. Durch die Automatisierung im Allgemeinen und die KI im Speziellen ist es somit möglich, die Geschwindigkeit und Verlässlichkeit der Prozesse zu erhöhen, was wiederum einen positiven Einfluss auf die Kundenzufriedenheit hat. Wenn die Kundenzufriedenheit steigt, erhöht sich gleichzeitig die Weiterempfehlungsrate, wodurch die IVM neue Kunden akquirieren können. In Interaktionsprozessen mit Kunden kann KI den Status aktueller Bearbeitungsschritte in einem Kundenportal darstellen, sodass alle Prozesse einzusehen sind. Darüber hinaus sorgt es für mehr Transparenz, wenn die Kunden die Risikokalkulation nachempfinden und verstehen können, aus welchen Gründen welche Prämie zustande kommt. Oftmals leiten die IVM die Verlängerungsangebote der Versicherer an die Kundinnen und Kunden weiter, ohne zu wissen, aus welchen genauen Gründen sich beispielsweise die Prämie erhöht oder das Bedingungswerk verschlechtert hat, etwa durchgefahrerhöhende Umstände, welche sich auf die Prämie oder die Bedingungen auswirken können. Die Versicherer verwenden für solche Prozesse sogenannte Risikotools (z. B. Prämienkalkulierungstools), die IVM in der Regel

nicht zur Verfügung stehen. Daher können mit KI die einzelnen Beurteilungspunkte einer Risikokalkulation klar und transparent dargelegt werden, wodurch die IVM den Kundinnen und Kunden mit einschlägigen Argumenten die Veränderungen begründen können. Generell können Kundenanliegen schneller und zielgenauer bearbeitet werden, wenn die Hintergrundprozesse schnell und automatisiert verarbeitet werden.

Servicequalität

Unter Bezugnahme der Kundenzufriedenheit und der Wettbewerbsfähigkeit ist die Steigerung der Servicequalität erstrebenswert. Die Expertinnen und Experten stellen fest, dass eine exzellente Servicequalität die Kundenbindung und -zufriedenheit deutlich erhöhen kann und einen wesentlichen Einfluss auf den zukünftigen Erfolg der einzelnen IVM haben wird. Insbesondere durch die Unterstützung von KI sehen die Befragten eine große positive Wirkung auf die Servicequalität. Berichten zufolge können bereits erste positive Entwicklungen innerhalb der Maklerschaft beobachtet werden. Die Mitarbeitenden können entlastet werden, wenn einfache und standardisierte Vorgänge – wie das Dokumentieren von Schriftstücken – durch KI automatisiert abgearbeitet werden und den Mitarbeitenden dadurch mehr Freiraum ermöglicht wird, um sich auf komplexere Vorgänge zu konzentrieren und mehr Zeit für Kunden mit anspruchsvollen Problemen zu haben. Dadurch erhöht sich ebenfalls die Servicequalität für die Kundinnen und Kunden, wie die Befragten angeben. Die IVM müssen jedoch sorgfältig abwägen, an welchen Stellen KI-Anwendungen tatsächlich nach außen an den Kunden herangetragen werden können. Denn nicht alle Kundengruppen sind gleichermaßen Befürworter von KI und stufen Selfservice-Optionen als einen echten Mehrwert ein, sondern empfinden eher eine Verschlechterung der Servicequalität.

Key Perfomance Indicators (KPIs)

Um die Auswirkungen durch den Einsatz von KI auf die Kundenzufriedenheit messen zu können, benennen die Befragten unterschiedliche Key Perfomance Indicators (KPIs), betonen jedoch, dass eine genaue Betrachtung entscheidend ist und genau überprüft werden muss, ob mögliche Messfehler zu berücksichtigen sind. Zudem sollte der Aufwand für die Messung im Verhältnis zum Mehrwert stehen. Erschwerend für die Messung von Kundenzufriedenheit kommt hinzu, dass an dieser Stelle menschliche und technische Prozesse ineinandergreifen, daher ist es schwer zu differenzieren, was vom Menschen und was von der KI geleistet wird. Zu berücksichtigen sind zudem rechtliche Begrenzungen, die zu beachten sind wie beispielsweise die Zustimmung des Betriebsrats bei Messungen der Produktivität von Mitarbeitenden.

Die Mehrheit der Befragten nennt als KPI den Net Promoter Score (NPS), der die Weiterempfehlungsrate von Kunden misst und verschiedene Abstufungen enthält. Zudem wird die Retention erwähnt, worunter zu verstehen ist, dass ein Kunde durch Qualitätsverbesserungen und Effizienzsteigerungen bei einem IVM bleibt, da er positive Erfahrungen gemacht hat. Viele Industriekunden sind zudem untereinander vernetzt, sodass ein positives Image eines IVM ebenfalls eine wichtige Rolle spielt.

4.3   Veränderungen in den Arbeitsabläufen

Neben den Veränderungen in Bezug auf Anforderungen, Prozesse und Kundenzufriedenheit beeinflusst der Einsatz von KI auch die Arbeitsabläufe und Wettbewerbsfähigkeit von IVM. Daraus ergeben sich strategische Vorteile, wodurch sich die Wettbewerbsfähigkeit erhöhen kann. Gleichzeitig gehen mit der Implementierung von Künstlicher Intelligenz Herausforderungen einher, die von IVM berücksichtigt werden sollten.

Strategische Vorteile

Die strategischen Vorteile durch den Einsatz von KI umfassen mehrere Aspekte. Der Einsatz von KI ermöglicht eine Steigerung von Effizienz, Produktivität und Profitabilität, indem Mitarbeitende von wiederkehrenden administrativen Tätigkeiten entlastet werden, die nicht wertschöpfend sind und viel Zeit in Anspruch nehmen. Gerade wenn IVM für Versicherer dokumentieren und Versicherungsscheine sowie Versicherungsbestätigungen erstellt werden müssen, fallen oftmals Routineaufgaben an. Zudem können durch KI-Anwendungen Ergebnisse verbessert und Prozessfehler sowie Ungenauigkeiten von Mitarbeitenden vermieden oder reduziert werden. Im Industriebereich sind beispielsweise die Versicherungsscheine aufgrund der individuellen Risikosituation der Kundinnen und Kunden unterschiedlich gestaltet, weshalb die Dokumente regelmäßig korrigiert werden müssen. Deren Überprüfung mittels KI-Anwendungen wiederum erhöht die Qualitätssicherung und die Validität der Ergebnisse.

Die Expertinnen und Experten beobachten, dass gerade die Profitabilität bei fehlender Automatisierung und Technik eingeschränkt ist. Das erklärt andererseits den Erfolg der Marktführer, die in diese Bereiche investieren und die Automatisierung weiter vorantreiben. Die Befragten geben ergänzend an: Je effizienter eine Maklerin oder ein Makler durch KI ist, desto höher ist der Konkurrenzvorteil gegenüber den Mitbewerbern. Langfristig können dadurch attraktivere Konditionen und Honorare angeboten werden, was sich im Benchmark im Vergleich zu anderen IVM positiv bemerkbar machen wird. In Zeiten des Fachkräftemangels und des War of Talents erleichtert ein innovativer Arbeitsplatz zudem die Gewinnung von Mitarbeitenden, was ebenfalls einen Konkurrenzvorteil gegenüber Wettbewerbern darstellt. So beobachten die Expertinnen und Experten: Je innovativer, digitaler und besser ein Arbeitsplatz ausgestattet ist, desto einfacher wird es zukünftig für IVM sein, motivierte und qualifizierte Mitarbeitende zu gewinnen.

Wettbewerbsfähigkeit
Die Befragten sind sich einig, dass die Wettbewerbsfähigkeit durch den Einsatz von KI sehr deutlich ansteigen wird, da Effizienzsteigerungen und Kostenreduktionen unmittelbar zu einer Erhöhung der Wettbewerbsfähigkeit führen. Ein Teil der Befragten geht zudem davon aus, dass IVM, die neue Technologien nicht aktiv vorantreiben, früher oder später vom Markt verdrängt werden. Sie betonen jedoch die Bedeutung des Zusammenspiels zwischen der Einführung neuer Technologien und einem aktiven Change-Management. IVM sollten sich zudem Gedanken über ihre Positionierung im Markt machen, da gerade im Privatkundengeschäft viele rein digitale Maklerinnen und Makler existieren, wodurch sich das Geschäftsmodell deutlich unterscheidet und eine andere Zielgruppe angesprochen wird. Bei IVM stehen Gewerbe- und Industriekunden im Fokus, sodass sich die Unternehmen dahingehend ausrichten sollten.

Herausforderungen bei der Implementierung von KI
Nicht nur die Automatisierung von Prozessen durch KI kann herausfordernd sein, sondern auch die Implementierung von Künstlicher Intelligenz in die Arbeitsabläufe. Die Befragten sehen im Bereich der Arbeitsabläufe organisatorische, technische, gesetzliche und regulatorische sowie ethische und länderspezifische Herausforderungen, die nachfolgend erläutert werden.

- **Organisatorische Herausforderungen**
  Organisatorische Herausforderungen bei der Implementierung von KI umfassen unter anderem die Mitarbeitenden, das benötigte Wissen und die Geschäftsführung. Die Einführung neuer Technologien bringt Veränderungen mit sich und Veränderungen gehen oftmals mit Sorgen und Ängsten der Mitarbeitenden einher. Die Nutzung von KI wird eher als Bedrohung wahrgenommen, sodass eine Art Verhinderungsmentalität und ein enormer Widerstand in der Belegschaft entwickelt werden. Mit klarer Kommunikation, Offenheit,

Verständnis und der richtigen Erwartungshaltung an neue Technologien können IVM versuchen, entsprechend gegenzusteuern. Auch die Geschäftsführung sollte mit dem Thema KI vertraut sein und richtungsweisende Entscheidungen treffen.

- **Technische Herausforderungen**
Technische Herausforderungen gehören zu den klassischen Herausforderungen, die oftmals bei Digitalisierungsprojekten auftreten. Die Befragten geben an, dass zunächst in einem ersten Schritt der Ist-Zustand von Prozessen und Systemen identifiziert werden muss, um in einem zweiten Schritt Verbesserungspotenziale ausfindig machen zu können. Es wird angemerkt, dass viele IVM ihre bestehenden Prozesse nicht kennen und keinen Überblick über diese haben. Zudem sind alte Bestandsführungs- und Randsysteme oft schwerfällig und nur begrenzt erweiter- und vernetzbar. Es müssen jedoch gewisse Voraussetzungen gegeben sein, um KI einsetzen und Schnittstellen abbilden zu können. Als Basis sollten daher eine Cloud-Infrastruktur aufgesetzt und Unternehmensprozesse darin implementiert werden, damit IVM innerhalb dieser neuen Strukturen agieren können. Zudem müssen eine gute Datenbasis vorhanden und sicherheitstechnische Fragen geklärt sein.
- **Gesetzliche und regulatorische Herausforderungen**
Die gesetzlichen und regulatorischen Anforderungen für Unternehmen und damit auch für IVM werden immer höher. Die Unternehmen in der Versicherungswirtschaft werden darüber hinaus von der BaFin überwacht und kontrolliert. Zudem hat die EU kürzlich den EU AI Act erlassen, der für Unternehmen gilt, wenn Dienstleistungen oder Produkte mit KI-Bezug angeboten werden. Weiter sind die Unternehmen in der Pflicht, ihre Mitarbeitenden zu schulen, wenn KI zum Einsatz kommt, um diese für die neuen Tätigkeiten entsprechend zu qualifizieren und vorzubereiten. Als große Herausforderung benennen die Expertinnen und Experten ergänzend das Thema Datenschutz. Bei vielen IVM geht dadurch die Schnelligkeit bei der Einführung von KI verloren oder es wird als Begründung vorgeschoben, weshalb eine Implementierung nicht möglich sei.
- **Unternehmensorganisatorische Herausforderungen**
Wenn sich IVM auf den Einsatz von KI vorbereiten und die IT-Infrastruktur verändern, indem beispielsweise neue System- oder Anwendungslandschaften aufgebaut werden, gehen damit nicht selten hohe organisatorische Veränderungen einher. Die Expertinnen und Experten geben an, dass dann eine Neubetrachtung der Ablauf- und Aufbauorganisation erforderlich sei. Oftmals werden die IT und die Fachbereiche mehr miteinander in Verbindung gebracht, da neue IT-

Anwendungen die Arbeitsabläufe der Belegschaft verändern. Doch die Expertinnen und Experten geben an, dass beispielsweise durch die Veränderungen der IT-Struktur nicht unbedingt ein agiles Setting innerhalb der Unternehmensorganisation benötigt wird, da es sich nicht bei allen Unternehmen und IVM empfiehlt – denn dafür wird eine bestimmte Kultur benötigt, um die Umstellung erfolgsversprechend umsetzen zu können. Hierzu gehören beispielsweise die Förderung von kontinuierlichem Lernen, die Veränderungsbereitschaft und eine hohe Risiko- und Fehlertoleranz. Oftmals reicht eine Umstellung der organisatorischen Zugehörigkeiten oder eine Verschlankung in der Zusammenarbeit von zwei Abteilungen aus. Entscheidend für den Erfolg ist zudem, die Veränderungen in kleinen Schritten anzugehen und die Mitarbeitenden zu begleiten.

Schulungen

Die Einführung von KI im Unternehmen erfordert eine frühzeitige und umfangeiche Vorbereitung sowie die Bereitstellung von Schulungs- und Weiterbildungskonzepten. Die Expertinnen und Experten geben an, dass durch die neuen digitalen Technologien ein grundlegendes technisches Verständnis beziehungsweise ein offenes Mindset entwickelt werden muss. Es wird empfohlen, dass der Umgang mit KI ein elementarer Bestandteil von jeder Schulung sein sollte. Zudem ist es ratsam, interne Workshops mit verschiedenen Schwerpunkten wie beispielsweise dem Erstellen von effektiven Prompts anzubieten.

Change-Management

Ein großer Teil der Befragten betont die Bedeutung des Change-Managements bei der Einführung von KI. Von zentraler Bedeutung ist es, frühzeitig das digitale und kulturelle Mindset einer Organisation weiterzuentwickeln. Hierzu gehören Arbeitsweisen und -methoden, Einstellungen, Werte und Kommunikationsmittel. Hierbei hilft eine strukturierte Vorgabe, die mithilfe einer Roadmap visualisiert werden kann. Nach Erreichen der einzelnen Abschnitte innerhalb der Roadmap eignen sich Workshops, in denen die bisher erreichten Ziele analysiert und reflektiert werden. Die Expertinnen und Experten beschreiben, dass die Mitarbeiter bei Veränderungen eng begleitet werden müssen und eine klare Kommunikation und Transparenz seitens des Change-Managements erfolgen sollte. Dies erhöht zudem die Akzeptanz gegenüber der Veränderung.

Angst vor Veränderung

Wie bereits erwähnt, gehen Veränderungen oftmals mit Ängsten und Sorgen vor Neuem einher. Dies gilt auch für die Implementierung von KI im Unternehmen.

Mitarbeitende müssen demnach frühzeitig auf die Veränderungen vorbereitet werden, damit keine Angstzustände entwickelt werden. Die Expertinnen und Experten geben an, dass IVM gegenüber der Belegschaft kommunizieren sollten, dass durch den Einsatz von KI die Mitarbeitenden nicht entlassen werden sollen, sondern dass versucht wird, wettbewerbsfähig zu bleiben oder zumindest den aktuellen Stand zu halten. Damit kann der Angst vor Überforderung und einem möglichen Arbeitsplatzverlust entgegengesteuert werden.

Neue Fähigkeiten und Qualifikationen
Die Expertinnen und Experten beschreiben, dass sich durch neue digitale Technologien wie KI zukünftig die Berufsbilder verändern und neue Jobs etablieren werden, da die Integration von Künstlicher Intelligenz technische Fachexpertisen erfordert. Hierzu gehören beispielsweise Prompt Engineers und Cloud Engineers. Darüber hinaus haben Mitarbeitende die Möglichkeit, Bachelor- oder Masterstudiengänge im Bereich KI zu absolvieren. Die Befragten heben jedoch hervor, dass zukünftig auch Kundenberaterinnen und Kundenberater im Innen- und Außendienst in der Lage sein müssen, KI-Anwendungen zu nutzen und neue Ideen für den Einsatz von KI zu entwickeln. Insofern wird von nahezu allen Mitarbeitenden bei IVM ein technisches KI-Verständnis benötigt werden.

Zukünftige Entwicklung der Versicherungsbranche
Die Versicherungsbranche hat in den letzten Jahren gelernt, neue Technologien wie KI zu adaptieren. Zudem schätzen die Expertinnen und Experten, dass KI die Versicherungswirtschaft in den nächsten fünf bis zehn Jahren weiter revolutionieren wird. Gerade im Industrieversicherungssektor werden die Veränderungen spürbar sein, da sich in diesem Bereich in den letzten Jahren nicht viel verändert hat und keine konkreten Use Cases bekannt geworden sind. Viele IVM haben das Thema KI auf der Agenda, die Umsetzung erfolgt jedoch nur graduell. Die Befragten geben an, dass gerade Großmakler bereits heute Teams aufgesetzt haben, die an der Implementierung von KI und anderen digitalen Technologien arbeiten, wodurch das Bewusstsein für diese Themen und die Geschwindigkeit bei der Umsetzung erhöht werden kann. Andere sind noch damit beschäftigt, die IT-Infrastruktur im Unternehmen zu erneuern. Zukünftig werden Prozesse mit KI automatisiert werden, insbesondere dort, wo es repetitive und standardisierte Aufgaben gibt. Insgesamt wird die Entwicklung neuer Geschäftsmodelle datengetriebener sein und die Qualität von Betreuungsprozessen wird mit Unterstützung von KI zunehmen, sodass sich die Mehrwerte für die Kunden erhöhen werden. Zudem wird es mithilfe von KI möglich sein, dynamische Produkte anzubieten, mit denen genauere und

spezifischere Kundenangebote generiert werden können, was gerade im Gewerbe- und Industriebereich von enormer Bedeutung ist. Gerade bei IVM wird es jedoch immer Mitarbeitende geben, die im letzten Schritt mit Sachverstand über Anfragen oder anspruchsvolle Versicherungsprogramme schauen.

Handlungsempfehlungen für Versicherungsmaklerinnen und -makler

5

Nachfolgend werden praxisnahe Handlungsempfehlungen für IVM vorgestellt. Auf Grundlage der gewonnenen Erkenntnisse können zehn Handlungsempfehlungen abgeleitet werden. Diese können unabhängig voneinander umgesetzt werden, ergeben jedoch bei Einhaltung der untenstehenden Reihenfolge den größten Mehrwert, da zunächst Grundvoraussetzungen geschaffen werden müssen, um KI erfolgreich im Unternehmen einsetzen und höchstmögliche Effizienzen erzielen zu können. Die jeweiligen Handlungsempfehlungen werden in den nachfolgenden Abschnitten näher beleuchtet.

5.1 Klare Unternehmensausrichtung durch Entwicklung einer KI-Strategie und Roadmap

Gerade in Zeiten von Konsolidierungswellen innerhalb der Maklerschaft, insbesondere bei IVM, ist eine klare Ausrichtung des eigenen Unternehmens essenziell, um darauf aufbauend agieren und den Fortbestand des eigenen Unternehmens sichern zu können. Vom Management und der Geschäftsführung sollten daher eine KI-Strategie sowie eine digitale Roadmap entwickelt werden, um zum einen die zukünftige Implementierung und Integration von KI in bestehende Prozesse festzuhalten und zum anderen die digitale Unternehmensentwicklung voranzutreiben. Mittels einer digitalen Roadmap werden geplante Meilensteine visuell dargestellt, sodass sich die Mitarbeitenden auf die Veränderungen einstellen können. Das Erreichen der Meilensteine erfolgt schrittweise und mit ausreichend Vorlaufzeit. Im Rahmen der KI-Strategie werden zudem Entwicklungsziele wie beispielsweise die Erhöhung der Effizienz durch Automatisierung definiert, sodass die Mehrwerte

© Der/die Autor(en), exklusiv lizenziert an Springer Fachmedien Wiesbaden GmbH, ein Teil von Springer Nature 2026
M. H. Dahm, M. Spincke, *Künstliche Intelligenz im Versicherungswesen*, FOM-Edition, https://doi.org/10.1007/978-3-658-50733-6_5

durch den Einsatz von KI dargelegt werden. Darüber hinaus sollten IVM an Netzwerktreffen innerhalb der Versicherungsbranche teilnehmen, um branchenspezifische Veränderungen frühzeitig identifizieren zu können. Bei Bedarf sind die KI-Strategie sowie die digitale Roadmap anzupassen, um die Flexibilität der Unternehmensausrichtung beizubehalten. Zudem wird der Wettbewerb der IVM, gerade durch Maklerinnen und Makler mit internationaler Aufstellung sowie mit Hauptsitz in den Vereinigten Staaten von Amerika oder dem Vereinigten Königreich, zunehmend durch Innovationen mit entsprechend hohen Investitionen getrieben. Besonders kleinere IVM sollten daher ausreichend hohe Investitionen tätigen, um mittels digitaler Technologien und qualifiziertem Personal die gesetzten Meilensteine überhaupt erreichen zu können.

> **Die wichtigsten Punkte auf einen Blick**
> - Erarbeitung einer KI-Strategie durch IVM
> - Abgrenzung von Wettbewerbern durch Forcierung und Einhaltung einer digitalen Roadmap, welche die digitale Unternehmensentwicklung umfasst
> - Branchenspezifischer Austausch innerhalb der IVM durch Netzwerktreffen, um die KI-Strategie kontinuierlich anpassen zu können
> - Investitionen tätigen, um die digitalen Entwicklungsziele erreichen zu können

5.2   Identifizierung von Prozessen und Schnittstellen sowie Stärkung der Zukunftsfähigkeit durch Data Excellence

Das Kennen der unternehmenseigenen Prozesse und Schnittstellen bildet die Grundlage für die Implementierung von KI. Zu Beginn sollte daher der Ist-Stand aller Prozesse identifiziert und analysiert werden. Die Ergebnisse sollten, wenn nicht schon vorhanden, schriftlich festgehalten werden. In einem weiteren Schritt können daraus Optimierungs- und Automatisierungspotenziale mittels KI abgeleitet werden. Spezifische Einsatzmöglichkeiten von KI zur Prozessoptimierung sollten zudem durch Einbeziehung der Mitarbeitenden aller Unternehmensbereiche erfragt werden. IVM sind darüber hinaus auf funktionierende und effiziente Schnittstellen angewiesen, da eine regelmäßige Datenübertragung zu Kunden und Versicherern stattfindet. Demnach sollten ebenfalls alle vorhandenen Schnittstellen identifiziert werden, um die Voraussetzungen für eine reibungslose Datenübertragung gewährleisten zu können. Um Verbindlichkeit zu schaffen, sind verantwortliche Personen und Zuständigkeiten festzulegen und zu kommunizieren. Von zentraler Bedeutung ist zudem das Datenmanagement, um die notwendige Datenqualität und -verfügbarkeit sicherstellen zu können. Denn die Daten bilden die Basis, mit der KI-Anwendungen und -Systeme arbeiten. Unstrukturierte Daten müssen in strukturierte Daten umgewandelt werden, damit diese im weiteren Verlauf verarbeitet werden können. Um die Priorisierung und Wichtigkeit des Datenmanagements zu verdeutlichen, sollte eine unternehmensübergreifende Datenstrategie erarbeitet werden, in der die Verbesserung der Datenqualität und -verfügbarkeit festgehalten wird.

Die wichtigsten Punkte auf einen Blick
- Unternehmenseigene Prozesse analysieren, um Optimierungspotenziale durch Automatisierung ableiten zu können
- Datenübertragung relevanter Kennzahlen durch Schnittstellen gewährleisten
- Verantwortlichkeiten im Unternehmen festlegen und kommunizieren, um Verbindlichkeit zu schaffen
- Strukturierte Datenqualität und -verfügbarkeit im Rahmen eines Datenmanagements sicherstellen und in der Datenstrategie verankern

5.3   Schaffung einer resilienten IT-Infrastruktur mit Expansionspotenzial

Neben der Prozess- und Schnittstellenkenntnis des eigenen Unternehmens ist das Vorhandensein einer resilienten IT-Infrastruktur unabdingbar. Insbesondere bei IVM existieren derzeit mehrere Altsysteme, die nebeneinander bedient werden müssen. Darüber hinaus ist die Schnittstellen-Konnektivität zwischen den einzelnen Systemen nicht möglich. Die Anforderungen an die Systeme haben sich jedoch im Verlauf der Zeit verändert, sodass entsprechend neue Systeme mit der Möglichkeit einer Vernetzung benötigt werden. Daneben ist eine gewisse Verarbeitungsgeschwindigkeit erforderlich. Nur an eine moderne und skalierbare IT-Infrastruktur können KI-Anwendungen angebunden und weitere digitale Technologien implementiert werden. Dafür ist zumeist die Migration in die Cloud geboten. Dabei müssen auch die regulatorischen Anforderungen, insbesondere die DSGVO mit Schwerpunkt des Schutzes von personenbezogenen Daten, berücksichtigt werden. Zudem bietet die Umstellung von On-Premises-Hosting im lokalen Unternehmensnetz zu Cloud-Hosting auf der einen Seite eine höhere Skalierbarkeit, birgt auf der anderen Seite jedoch neue Risiken. Fehlerhafte Cloud-Konfiguration kann sensible Daten ungewollt offenlegen. Die frühzeitige Erkennung von IT-Schwachstellen bleibt essenziell. Diese Maßnahmen erfordern meist hohe IT-Investitionen, was kleinere IVM gegenüber großen internationalen Maklern benachteiligt.

> **Die wichtigsten Punkte auf einen Blick**
> - Eine resiliente und skalierbare IT-Infrastruktur ermöglicht die Anbindung von KI-Anwendungen
> - IT-Sicherheit durch Migration in die Cloud sicherstellen
> - Regelmäßige Identifizierung von IT-Schwachstellen zur Schadenprävention, insbesondere in Bezug auf Cyberangriffe
> - Investitionen in die IT, um KI und weitere digitale Technologien implementieren zu können

5.4 Wahrung der rechtlichen Vorgaben und Restriktionen

Die Einhaltung von rechtlichen und regulatorischen Anforderungen in Bezug auf die Anwendung von KI ist für IVM in Deutschland eine Herausforderung. Zum einen sind bei der Nutzung von personenbezogenen Daten die Datenschutzbestimmungen wie die DSGVO einzuhalten und zum anderen muss bei der Heranziehung von digitalen Technologien weiterhin die Compliance im Unternehmen sichergestellt werden. Darüber hinaus sind IVM seit der Einführung der KI-Verordnung, dem EU AI Act, verpflichtet, ihre Mitarbeitenden in Bezug auf KI zu schulen und ein gewisses Grundverständnis zu vermitteln, um Gefahren durch KI abwenden zu können. Gleichzeitig ist die Einhaltung von ethischen Richtlinien zu berücksichtigen, um Benachteiligungen durch KI zu vermeiden. Beispielsweise sind bei unternehmenseigenen KI-Chatbots IVM dazu angehalten, regelmäßig die Antworten zu überprüfen. Auch der Austausch mit der Rechtsabteilung und dem Betriebsrat sollte rechtzeitig erfolgen, da beispielsweise bei Pilotprojekten mit Daten gearbeitet werden muss. Hierfür ist jedoch die Zustimmung vom Betriebsrat erforderlich, der daher frühzeitig eingebunden werden sollte. Zudem besteht die Möglichkeit, Expertise von Partnerschaften, Kooperationen oder Beratungsunternehmen heranzuziehen, die bei der Planung von KI-Einsatzmöglichkeiten unterstützen können. Ferner sollten alle Schritte im Zusammenhang mit KI dokumentiert werden, um diese bei der jährlich stattfindenden Revisionsprüfung vorlegen zu können. Neben der Dokumentation sollte ein Unternehmenshandbuch erstellt werden, in dem die Regeln für einen rechtssicheren Umgang mit KI festgehalten sind und die aufzeigen, in welchen Bereichen KI nicht eingesetzt werden darf.

Die wichtigsten Punkte auf einen Blick
- Wahrung der Datenschutzanforderungen sowie der Compliance im Unternehmen bei der Nutzung von KI
- Einhaltung von ethischen Richtlinien, um Benachteiligungen durch KI-Anwendungen zu vermeiden
- Sorgfältige Dokumentation zur Vorlage der jährlichen internen Revisionsprüfungen
- Veröffentlichung eines Unternehmenshandbuchs für die Mitarbeitenden, in dem die Regeln für einen rechtssicheren Umgang mit KI festgehalten sind

5.5   KI-gestützte Automatisierung von administrativen Arbeitsabläufen

Wenn die Prozesse identifiziert und optimiert, die IT-Infrastruktur verbessert und die Migration in die Cloud sowie die Wahrung der rechtlichen Vorgaben und Restriktionen erfolgt sind, kann die KI-gestützte Automatisierung von administrativen Arbeitsabläufen forciert werden. Hierfür sollten wiederkehrende und standardisierte Arbeitsprozesse wie die Bearbeitung von Anträgen herangezogen werden, wodurch beispielsweise die Kunden- und Vertragsablage sowie das Versenden von Dokumenten automatisiert erfolgt. Im Anschluss werden die Unterlagen mit der richtigen Bezeichnung in der digitalen Akte abgelegt. Auch die regelbasierte Schadenbearbeitung kann mithilfe von KI-Anwendungen unterstützend erfolgen, indem das Schadenereignis mit den Versicherungsbedingungen abgeglichen wird. Die IVM begleiten den Kunden im Schadenfall und übernehmen die Korrespondenz gegenüber dem Versicherer. Bei einfachen Kundenrückfragen eignen sich zudem unternehmenseigene KI-Chatbots zur Vorbereitung von standardisierten E-Mail-Vorlagen. Darüber hinaus sollten IVM in regelmäßigen Abständen in allen Unternehmensbereichen weitere Anwendungsmöglichkeiten von KI im Zusammenhang mit administrativen und standardisierten Arbeitsprozessen erfragen, um alle Bereiche gleichermaßen zu berücksichtigen. Bestenfalls werden abteilungsübergreifende Prozesse erkannt, wodurch Synergieeffekte erzeugt werden können.

Neben administrativen Aufgaben können sich jährlich wiederholende Tätigkeiten ebenfalls durch KI-Anwendungen übernommen werden. Hierzu gehört das Anfordern von Unterlagen für die jährliche Vertragsverlängerung sowie die Weiterleitung der erhaltenen Dokumente zur Risikoprüfung an den Versicherer.

Die wichtigsten Punkte auf einen Blick
- Standardisierte Arbeitsprozesse wie die Antrags- und Vertragsbearbeitung werden durch KI automatisiert verarbeitet
- Regelbasierte Schadenbearbeitung erfolgt mit Unterstützung von KI-Anwendungen
- Unternehmenseigene KI-Chatbots werden bei einfachen Kundenrückfragen für die Erstellung von E-Mail-Vorlagen herangezogen
- Unterlagen zur Vertragsverlängerung werden mithilfe von KI-Aufgabenassistenten beim Kunden angefragt und im Anschluss an den Versicherer gesendet

5.6   Mitarbeitende durch Schulungen und Weiterbildungsmöglichkeiten für den Umgang mit KI befähigen

Bereits vor der Einführung von KI-Anwendungen ist es ausschlaggebend für den langfristigen Erfolg, die Mitarbeitenden für den Umgang mit KI zu befähigen. IVM müssen sicherstellen, dass die Mitarbeitenden schrittweise die neuen Fähigkeiten im Umgang mit KI erlernen und dabei positive Erlebnisse erzeugen. Hierzu eignen sich beispielsweise Schulungen für Mitarbeitende, die entweder durch die interne Trainingsabteilung oder durch externe Beraterinnen und Berater durchgeführt werden. Damit sichergestellt wird, dass alle Mitarbeitenden an den Schulungen teilnehmen, können entweder Pflichtschulungen oder abteilungsinterne „Challenges" eingeführt werden, in denen sich die Mitarbeitenden gegenseitig motivieren. Die Schulungen sollten verschiedene Schwierigkeitsstufen beinhalten und neben allgemeinen KI-Grundlagen spezifische KI-Anwendungsfälle und Einsatzmöglichkeiten umfassen, damit die Mitarbeitenden einen konkreten Nutzen zur zukünftigen Arbeit mit KI erkennen können. Zudem ist es empfehlenswert, dass die Schulungen einen interaktiven Charakter haben und die Mitarbeitenden aktiv einbinden. Darüber hinaus wird zukünftig in nahezu allen Unternehmensbereichen eines IVM ein technisches KI-Grundverständnis verlangt werden, um dem zunehmenden digitalen Wandel standhalten zu können. IVM können ihre Mitarbeitenden dahingehend befähigen, dass Weiterbildungsprogramme in beispielsweise Bachelor- oder Masterstudiengängen in Bezug auf KI unterstützt werden. Dies wirkt dem Fachkräftemangel entgegen, da standardisierte Tätigkeiten in naher Zukunft wegfallen und sich daraus neue Aufgabenbereiche ergeben werden. Um Hemmschwellen in Bezug auf die Nutzung von KI abzubauen, eignen sich KI-Paten, die in jeder Abteilung für konkrete Fragen zur Verfügung stehen sowie die Einführung von KI-Pilotprojekten, an denen Mitarbeitende aus allen Abteilungen teilnehmen können.

Die wichtigsten Punkte auf einen Blick
- Mitarbeitende in der Anwendung von KI schulen
- Weiterbildungsmöglichkeiten stärken die Bindung von Mitarbeitenden
- KI-Paten als Ansprechpartnerinnen und Ansprechpartner in den Abteilungen zur Verfügung stellen
- Mitarbeitende bei KI-Pilotprojekten einbeziehen, um Ängste zu reduzieren und Selbstwirksamkeit zu fördern

5.7   Enge Begleitung der Mitarbeitenden bei Einführung von KI-Anwendungen durch ein aktives Change-Management

Ohne die Bereitschaft und Offenheit der Mitarbeitenden gegenüber KI-Anwendungen werden diese nicht zum Erfolg führen. Zudem sind Lernbereitschaft und Mut erforderlich, um sich neues Wissen anzueignen und dabei das anfängliche Gefühl der Unsicherheit aushalten zu können. Daher gilt es, die Mitarbeitenden im Rahmen eines Change-Managements aktiv in die Planung einzubeziehen, sodass diese einen Gestaltungsspielraum haben und Anregungen und Ideen eingebracht werden können. Die anstehenden Veränderungen sollten vorweg offengelegt und durch eine transparente Kommunikation vorgestellt werden. Hilfreich ist es ferner, die Gründe für die notwendigen Veränderungen im Rahmen von Informationsveranstaltungen zu erläutern und die bevorstehende Transformation anhand der digitalen Roadmap visuell zu präsentieren. Diese sollte zudem im Intranet für alle Mitarbeitenden sichtbar veröffentlicht werden. Darüber hinaus agieren die Geschäftsführung sowie die Führungskräfte als Vorbilder der Transformation, indem das Erlernen der neuen Kompetenzen von oben gelebt wird. Weiter ist es empfehlenswert, durch das Change-Management Austauschformate und Feedbackrunden einzuführen, in denen sich Mitarbeitende untereinander zu neuen KI-Anwendungen und -Kompetenzen austauschen und gegenseitig unterstützen können. In diesem Zusammenhang können ebenfalls Hilfestellungen bei Schwierigkeiten gegeben werden. Um gemeinsam die erreichten Meilensteine feiern und seitens der Geschäftsführung zu honorieren, können Veranstaltungen organisiert werden, in denen den Mitarbeitenden die entsprechende Wertschätzung vermittelt wird.

Die wichtigsten Punkte auf einen Blick
- Transparente Kommunikation und Einbindung der Mitarbeitenden während des gesamten Transformationsprozesses
- Informationsveranstaltungen für Mitarbeitende anbieten, in denen die Gründe für die bevorstehenden Veränderungen vom Change-Management präsentiert werden
- Die Geschäftsführung und die Führungskräfte müssen als Vorbilder agieren
- Austauschformate und Feedbackrunden einführen, in denen das Erreichen der Meilensteine gefeiert wird

5.8 Erhöhung des Kundenerlebnisses durch exzellente Serviceangebote

Die Kundinnen und Kunden sind für den IVM das wichtigste Gut. Denn nur durch sie kann der Fortbestand des Berufsfeldes der Versicherungsmaklerinnen und Versicherungsmakler gesichert werden. Doch die Wettbewerber haben das gleiche Ziel, sodass die Erhöhung des Kundenerlebnisses oberste Priorität haben sollte. Durch den Einsatz von KI kann die Reaktionsgeschwindigkeit des IVM erhöht werden, indem standardisierte Vorgänge wie die Erstellung von Policen oder Versicherungsbestätigungen automatisiert verarbeitet werden. Darüber hinaus können umfangreiche Rückfragen seitens der Kunden schneller beantwortet werden, wenn die Mitarbeitenden durch den Wegfall von administrativen Aufgaben entlastet werden und sich zeitnah um die Beantwortung der Anliegen kümmern können. Gleichzeitig ist es möglich, die Rücklaufquoten von fehlerhaften Vertragsdokumenten zu reduzieren, da durch KI die Fehleranfälligkeit bei standardisierten Prozessen verringert wird. Darüber hinaus kann der Kundenservice durch KI-Tools erhöht werden, wenn beispielsweise Vertragsbedingungen durchsucht und verglichen werden können. Auch bei Ausschreibungen von bestehenden Versicherungsverträgen können die individuellen Kundenbedürfnisse mithilfe von KI besser berücksichtigt werden, indem mittels KI-Tools die Risikoanalyse optimiert wird. Der Zugang zu

Kundenportalen mit integrierten KI-Funktionen ermöglicht den Kunden zum einen die Verwaltung der Verträge und Vertragsdokumente und zum anderen die eigenständige Anforderung von fehlenden Dokumenten sowie das Einreichen von Schäden. Auf Maklerseite kann zudem die Schadenregulierung verbessert werden, indem Künstliche Intelligenz Prognosen, Einschätzungen und Unterstützung bei der Entscheidungsfindung liefert. Es ist jedoch zu betonen, dass das Ergebnis aufgrund der Maklerhaftung in allen Fällen von einer Mitarbeiterin oder einem Mitarbeiter validiert werden muss.

Die wichtigsten Punkte auf einen Blick
- Erhöhung der Schnelligkeit durch automatisierte Dokumentenverarbeitung
- Entlastung der Mitarbeitenden verbessert die Reaktionsfähigkeit bei komplexen Sachverhalten
- Personalisierte Interaktion erlaubt es, Kundenbedürfnisse besser zu erfüllen
- Der Zugang zu Kundenportalen ermöglicht den Kundinnen und Kunden das Einsehen aller Verträge inklusive der Vertragsunterlagen

5.9 Steigerung der Beratungsqualität durch KI-Entlastung

Durch die Entlastung der Mitarbeitenden aufgrund von KI-Anwendungen und -Tools fallen arbeitsintensive administrative Aufgaben weg, wodurch sich die IVM auf die eigentliche Kerntätigkeit einer Maklerin bzw. eines Maklers konzentrieren können: die Beratung zu Versicherungslösungen und individuellen Risiken der Kunden. In Zeiten des Fachkräftemangels ist es ein enormer Wettbewerbsvorteil, wenn die Beratung weiterhin auf einem hohen qualitativen Niveau stattfinden kann. So haben IVM wieder mehr Zeit für die persönliche Kundenberatung und können sich vor Kundenterminen mittels KI-Tools einen Überblick über die Kundenverbindung verschaffen sowie mögliche Verbesserungen des Versicherungsschutzes identifizieren. Denn oftmals betreuen IVM die gesamten Versicherungsverträge eines Kunden, sodass mehrere Sparten berücksichtigt werden müssen. Protokolle von Jahresbesprechungen können zudem digital und in Echtzeit erstellt werden.

Gleichzeitig hat sich aufgrund der Polykrisen die Risikosituation verschärft. Dies gilt nicht nur für die IVM selbst, sondern auch für die Kundinnen und Kunden, die bezüglich der Risikosituation und der Prävention von daraus resultierenden Schäden beraten werden möchten. Mithilfe von KI-Tools kann die individuelle Risikosituation des Kunden analysiert werden, sodass der Versicherungsumfang bestmöglich optimiert werden kann. Demnach kann die Empfehlung ausgesprochen werden, dass sich IVM neben der Beratung zu Versicherungsprodukten zum Risikoberatenden entwickeln, um auf die steigende Risikosituation adäquat zu reagieren und das Angebot dahingehend anzupassen. KI-Anwendungen können zudem bei umfangreichen Ausschreibungen mit internationalem Versicherungsschutz herangezogen werden, indem die Ausschreibungsergebnisse sowie die Unterschiede der jeweiligen Versicherungsbedingungen in einer Synopse dargestellt werden.

Die wichtigsten Punkte auf einen Blick
- Fokussierung auf die Beratung und persönliche Kundenbetreuung durch Wegfall der administrativen Tätigkeiten
- Umfangreiche Analyse der individuellen Risikosituation des Kunden mithilfe von KI-Anwendungen
- Verbesserung der Beratungsqualität führt zur Optimierung des Versicherungsschutzes
- Aufbereitung von Ausschreibungsergebnissen mithilfe von umfangreichen Synopsen

5.10 Regelmäßige Messung der Veränderungen durch den Einsatz von KI

Ob der Einsatz von KI erfolgreich war, sollte in regelmäßig stattfindenden Messungen anhand von KPIs evaluiert werden. Hierbei sind in Bezug auf IVM unterschiedliche Stakeholdergruppen wie beispielsweise die Kundinnen und Kunden, Mitarbeitende sowie Kooperationspartnerinnen und -partner zu befragen, um positive oder negative Veränderungen frühzeitig identifizieren zu können. Der Aufwand der Messungen sollte stets in Relation zu Nutzen und Aufwand stehen. Bezogen auf die Veränderungen in der Kundenzufriedenheit sollte als einschlägige Kennzahl der NPS herangezogen werden, der insbesondere die Weiterempfehlungsrate aufzeigt. Im besten Fall erhöht sich der NPS durch die KI-gestützte Automatisierung von administrativen Arbeitsvorgängen, sodass dieser Ansatz weiterverfolgt und ausgeweitet werden sollte. Auch der Customer Satisfaction Score (CSAT) – der die Zufriedenheit von Kundinnen und Kunden mit den Produkten oder Dienstleistungen eines Unternehmens misst – kann für die Messung genutzt werden. Dies kann beispielsweise mit den jährlichen Kundengesprächen kombiniert werden, indem die Kunden nach Feedback in Bezug auf die Beratungsqualität und die allgemeine Reaktionsgeschwindigkeit bei Anliegen befragt werden. Auch Umsatzveränderungen können durch den Einsatz von KI gemessen werden. Schwierigkeiten bestehen jedoch in Bezug auf die Differenzierung, welche Umsatzveränderungen durch den Faktor KI oder durch andere Faktoren herbeigeführt worden sind. Nicht zuletzt gilt es, die Mitarbeitenden auf die Veränderungen in Bezug auf den Einsatz von KI anzusprechen und anonymisierte Umfragen unter den Mitarbeitenden durchzuführen. Nur so kann ein Stimmungsbild in Bezug auf die Nutzung von KI-Anwendungen eingeholt werden. Bei Schwierigkeiten sollten die Ergebnisse veröffentlicht und aktive Maßnahmen in Zusammenarbeit mit dem Change-Management erfolgen. Möglicherweise sind nach der Evaluierung aller Messungen Anpassungen in der KI-Strategie und der digitalen Roadmap notwendig, die zeitnah umgesetzt werden sollten.

Die wichtigsten Punkte auf einen Blick
- Unterschiedliche Stakeholder bei den Messungen der KPIs berücksichtigen; hierzu gehören für IVM unter anderem die Kunden, Mitarbeitenden und Kooperationspartnerinnen und -partner
- Veränderungen der Kundenzufriedenheit anhand der Weiterempfehlungsrate der Kunden identifizieren
- Regelmäßige Erhebung von Mitarbeitenden- und Kundenfeedback, um die Beratungsqualität und Reaktionsgeschwindigkeit erhöhen zu können
- Heranziehung von Umsatzveränderungen nach Einführung von KI-Anwendungen

Fazit und Ausblick 6

Zusammenfassend kann festgestellt werden, dass der Einsatz von KI für IVM zukünftig nicht mehr wegzudenken sein wird und bei der Bewältigung der vielseitigen Herausforderungen innerhalb der Versicherungsbranche hilfreich sein kann. Es gilt, das Kundenerlebnis zu verbessern, um sich von anderen Wettbewerbern abgrenzen und innerhalb der Konsolidierungstendenzen im Industrieversicherungssektor weiterhin bestehen zu können. Dies kann gelingen, indem sich IVM auf die persönliche Beratung der Kunden fokussieren und administrative Tätigkeiten durch KI-Anwendungen übernommen werden. Zudem hat sich durch den anhaltenden Fachkräftemangel die Suche nach geeigneten Fachkräften weiter verschärft. KI-Anwendungen können Mitarbeitende entlasten, indem durch die Automatisierung von Prozessen mehr Effizienz erzielt wird. Gleichzeitig erhöht die Nutzung neuer Technologien wie KI die Attraktivität eines IVM in Bezug auf die Rekrutierung von neuen Mitarbeitenden. Es konnte jedoch gezeigt werden, dass insbesondere IVM im Rahmen der Digitalisierung rückständig sind und zunächst Grundvoraussetzungen wie der Aufbau einer resilienten IT-Infrastruktur und die Migration in die Cloud geschaffen werden müssen, um KI in die Unternehmensprozesse implementieren zu können. Der Fokus sollte ergänzend auf der Etablierung eines zentralen Datenmanagements liegen, da die Datenqualität sowie die -verfügbarkeit die Basis für KI-Anwendungen darstellen. Weiter müssen bestehende Unternehmensprozesse bekannt sein, um einen Überblick über mögliche Optimierungspotenziale erhalten zu können. Auch die Einhaltung rechtlicher Vorschriften, insbesondere in Bezug auf die DSGVO sowie die Umsetzung des EU AI Acts sind wichtige Aspekte. Entscheidend für die erfolgreiche Einführung von KI ist zudem, die Mitarbeitenden für den Umgang mit KI zu befähigen, indem Schulungen und Weiterbildungsmöglichkeiten angeboten und eventuelle Risiken durch

M. H. Dahm, M. Spincke, *Künstliche Intelligenz im Versicherungswesen*,
FOM-Edition, https://doi.org/10.1007/978-3-658-50733-6_6

den Einsatz von KI vermittelt werden. Ferner sollten die Mitarbeitenden im Rahmen eines Change-Managements eng begleitet sowie bei der Entwicklung neuer Einsatzmöglichkeiten von KI einbezogen werden. Die Rolle der Versicherungsmaklerin bzw. des Versicherungsmaklers wird sich neben der Beratung zu Versicherungslösungen perspektivisch zum ganzheitlichen Risikoberatenden entwickeln, um die Kundinnen und Kunden mithilfe von KI-Tools auch im Hinblick auf die Schadenprävention zu unterstützen.

Wie umfangreich die Auswirkungen und Veränderungen, die KI im Bereich der IVM verursachen wird, sein werden, ist daher aus heutiger Sicht schwer zu prognostizieren. Insbesondere, da KI auch die „Mensch-Maschine-Schnittstelle" (Human Machine Interface, HMI) neu definieren wird. Damit ist gemeint, wie Menschen das KI-System bedienen und wie sie die Ein- und Ausgaben verarbeiten werden. Eines deutet sich aber schon an: KI wird die Versicherungsbranche und damit auch die Arbeit von Maklerinnen und Maklern im Bereich IVM nachhaltig verändern.

Was Sie aus diesem Band der FOM-Edition Kompakt mitnehmen können

- Ein klares Verständnis dafür, was KI wirklich ist – und was sie für Versicherungs-maklerinnen und Versicherungsmakler leisten kann
- Ein realistisches Bild davon, wo die Versicherungsbranche heute in Sachen Digitalisierung und KI steht
- Konkrete Ideen, wie KI-Anwendungen sinnvoll in den Makleralltag integriert werden können – auch ohne IT-Hintergrund
- Ein strukturiertes Vorgehen, wie Prozesse analysiert und für KI nutzbar gemacht werden können
- Handlungsempfehlungen, wie Versicherungsunternehmen fit für die digitale Zukunft werden
- Ein stärkeres Bewusstsein für die Rolle der Mitarbeitenden im digitalen Wandel – und wie sie eingebunden werden können
- Die Zuversicht, dass KI kein Risiko ist – sondern eine große Chance für mehr Effizienz, bessere Beratung und nachhaltigen Unternehmenserfolg

Literatur

Besold, K. & Krohn, M.-J. (2024). *So automatisieren Industrieversicherungsmakler ihre Prozesse – Mit KI-Tools und intelligenten Datenplattformen die Geschäftsabläufe gestalten.* https://klardenker.kpmg.de/financialservices-hub/so-automatisieren-industrieversicherungsmakler-ihre-prozesse/. Zugegriffen: 13. Jan 2025.

Bundesministerium für Wirtschaft und Klimaschutz. (o. J.). *Was ist Digitalisierung.* https://www.de.digital/DIGITAL/Navigation/DE/Lagebild/Was-ist-Digitalisierung/was-ist-digitalisierung.html. Zugegriffen: 29. Dez. 2024.

Bundesnetzagentur für Elektrizität, Gas, Telekommunikation, Post und Eisenbahnen, Digitalisierungstechnologien. (o. J.). *Digitalisierungstechnologien.* https://www.bundesnetzagentur.de/DE/Fachthemen/Digitales/Mittelstand/Downloads/SteckbriefDigitPlattf.pdf?__blob=publicationFile&v=1. Zugegriffen: 3. Jan. 2025.

Dippold, A. (2022). *Simply Digital: Digitalisierung und digitale Transformation einfach erklärt.* https://stegmann.company/simply-digital-digitalisierung-und-digitale-transformation-einfach-erklaert/. Zugegriffen: 29. Dez. 2024.

Durmus, M. (2019). *Künstliche Intelligenz: Definition und Abgrenzung.* https://www.aisoma.de/kuenstliche-intelligenz-definition/. Zugegriffen: 6. Jan. 2025.

Florian, J.-D., Kottmann, D., Küppers, H., Olaynig, T. & Vogelaar, A. (2019). Digitalisierung in der Deutschen Industrieversicherung. *State of Play – Marsh – Oliver Wyman, 2,* 6–32.

GDV – Gesamtverband der Deutschen Versicherungswirtschaft e. V. (2023). *Branche in Zahlen – Fakten zur Versicherungswirtschaft.*

González, J., Buelow, A., Hyanek, B., Almaskati, N., Nasaif, S. (2024). Transforming insurance through AI – Unlocking the power of data in a new era. *Viewpoint & Arthur D. Little,* 1–8.

Gorr, D. (2021). Industrieversicherungsmakler machten zuletzt Schlagzeilen mit mehreren Zukäufen. Michael Hirt von MRH Trowe erklärt die Hintergründe der Konsolidierungswelle. *Versicherungswirtschaft, 3,* 42–43.

Gösswein, M. P. (2024). *KI: Der zweite Kipppunkt für die Industrieversicherung.* https://in-sights.mgm-tp.com/de/ki-der-zweite-kipppunkt-fuer-die-industrieversicherung/. Zu-gegriffen: 22. Dez. 2024.

Harwardt, M. (2022). *Management der digitalen Transformation – Eine praxisorientierte Einführung* (2. Aufl.). Springer Gabler.

Huschens, J. & Münk, D. (2021): Die digitale Transformation in der Versicherungsbranche. In Lange, D. D. H. (Hrsg.), *Versicherungsmanagement* (S. 113–140). Kohlhammer.

Institut Zukunft des Lebens. (o. J.). *Das EU-Gesetz zur künstlichen Intelligenz – Aktuelle Entwicklungen und Analysen des EU AI-Gesetzes.* https://artificialintelligenceact.eu/de/. Zugegriffen: 22. Dez. 2024.

Insurancy. (o. J.). *Was macht ein Versicherungsmakler?* https://www.insurancy.de/ver-sicherungsmakler/. Zugegriffen: 2. Jan. 2025.

Iram, S. (2023). *Why brokers should embrace AI.* https://www.insurancethoughtleadership. com/agent-broker/why-brokers-should-embrace-ai. Zugegriffen: 10. Jan. 2025.

Lohse, U. & Will, A. (2019). Rahmenbedingungen und strategische Herausforderungen für die Versicherungsbranche. In Reich, M. & Zerres, C. (Hrsg.), Handbuch Versicherungs-marketing (S. 3–13). Springer Nature.

Lühnendonk & Hossenelder GmbH. (2022). *Von Datensilos zu Datenströmen – Der Wandel von Banken und Versicherungen zu datengetriebenen Unternehmen.* https://hub.kpmg.de/ de/von-datensilos-zu-datenstroemen?utm_campaign=CONS%20-%20Studie%20-%20 Lünendonk:%20Von%20Datensilos%20zu%20Datenströmen&utm sour-ce=email&utm_medium=HS-Mailing&utm_content=MAIL%20-%20FS%20%20-%20 Studie%20Lünendonck%20-%20Von%20Datensi. Zugegriffen: 5. Jan. 2025.

Merzbach, S. (2025). *Die besten KI-Tools: So nutzt du künstliche Intelligenz im Beruf.* https://www.accountable.de/blog/ki-tools/. Zugegriffen: 14. Febr. 2025.

O'Brien, K., Downie, A. & Scapicchio, M. (2024). *Was ist digitale Transformation?* https:// www.ibm.com/de-de/topics/digital-transformation. Zugegriffen: 8. Jan. 2025.

Otto, K. K. (o. J.). *Digitale Transformation in der (Cyber-) Industrieversicherung: Haben Versicherer diese vier Hebel auf dem Radar?* https://manager-wissen.com/digitale-transformation-in-der-cyber-industrieversicherung-haben-versicherer-diese-vier-hebel-auf-dem-radar. Zugegriffen: 6. Dez. 2024.

Pahl, M., Domazet, M. & Ressel, J. (2020). Bedeutung und Zukunft des Industriever-sicherungsmakler in Deutschland. In Mahnke, A. & Rohlfs, T. (Hrsg.), Betriebliches Risikomanagement und Industrieversicherung – Erfolgreiche Unternehmenssteuerung durch ein effektives Risiko- und Versicherungsmanagement (S. 297–318). Sprin-ger Gabler.

Plonke, C. (2024). *IT in Versicherungen: Zahlen & Fakten zu KI und Cloud.* https://www.ver-sicherungsforen.net/analytik-it/it-versicherungen-zahlen-fakten. Zugegriffen: 11. Dez. 2024.

Presse- und Informationsamt der Bundesregierung. (2024): *Einheitliche Regeln für Künst-liche Intelligenz in der EU.* https://www.bundesregierung.de/breg-de/aktuelles/ai-act-2285944. Zugegriffen: 10. Dez. 2024.

Rainsberger, L. (2021). *KI – die neue Intelligenz im Vertrieb – Tools, Einsatzmöglichkeiten und Potenziale von Artificial Intelligence.* Springer Gabler.

Roscher, K., Guderitz, A. & Hengl, H.-T. (o. J.). *Künstliche Intelligenz (KI) und maschinelles Lernen.* https://www.iks.fraunhofer.de/de/themen/kuenstliche-intelligenz.html. Zugegriffen: 23. Dez. 2024.

Sach, M. A. (2024). *Künstliche Intelligenz und Versicherungsvermittler: Eine neue Ära der Zusammenarbeit.* https://www.adesso.de/de/news/blog/kuenstliche-intelligenz-und-versicherungsvermittler-eine-neue-aera-der-zusammenarbeit.jsp. Zugegriffen: 28. Dez. 2024.

Schmidt, J.-P. (2020). Chancen und Herausforderungen für die Versicherungswirtschaft durch Künstliche Intelligenz. *Forschung am ivwKöln, 7,* 15–17.

Schmitt, K. (2021). *Digitalisierung: Wie proaktiver Wandel und Innovation gelingt.* https://versicherungswirtschaft-heute.de/maerkte-und-vertrieb/2021-04-26/digitalisierung-wie-proaktiver-wandel-und-innovation-gelingt/. Zugegriffen: 7. Jan. 2025.

Schurr, P. (2024*). Künstliche Intelligenz.* https://mindsquare.de/knowhow/kuenstliche-intelligenz/#teilbereiche-technologien-methoden. Zugegriffen: 11. Jan. 2025.

Süddeutsche Zeitung. (o. J.). *So wird sich das Geschäftsmodell der Versicherungsmakler verändern.* https://cmk.sueddeutsche.de/cms/articles/12097. Zugegriffen: 12. Jan. 2025.

Thinksurance. (2022). *Digitalisierung der Versicherung: Eine Branche im Wandel.* https://thinksurance.de/blog/digitalisierung-der-versicherung-eine-branche-im-wandel/. Zugegriffen: 16. Jan. 2025.

Verlag Versicherungswirtschaft GmbH & Co. KG. (2023): *Individualität in einer digitalen Welt.* https://versicherungswirtschaft-heute.de/maerkte-und-vertrieb/2023-06-21/individualitaet-in-einer-digitalen-welt-abbilden/. Zugegriffen: 18. Jan. 2025.

Willis Tower Watson GmbH. (2019). Industrieversicherungen – MARKTspot 2019 – Rückblick – Ausblick.

Wipf, R. (2021). *Wie eine zeitgemässe Industrieversicherung aussieht.* https://www.handelszeitung.ch/insurance/underwriting-wie-eine-zeitgemasse-industrieversicherung-aussieht. Zugegriffen: 5. Jan. 2025.

Wittenbrink, D. (2023). Magie ist keine Zauberei: Warum Digitalisierung in der Assekuranz anders funktioniert. *AssCompact, 5,* 94 f.